AF637275

KLARTEXT

Bildnachweis:
Ralf Koss: S. 8; Imago: /Christoph Reichwein S. 4/5, 13, 15, 81 u., 94, 99, 104/105, 107, 108 / DeFodi S. 6/7, 72/73 /Sportfoto Rudel S. 20 /Rust S. 23 /Horstmüller S. 24, 38, 51, 52 o., 52 u., 63, 66, 74, 76, 91 /Zink S. 33 /Werner Otto S. 35 /Karina Hessland S. 36 /Alfred Harder S. 37 / Ferdi Hartung S. 39, 68, 78, 80, 81 o., 85, 87 /Werner Otto S. 41, 47, 70 /WEREK S. 42, 45, 86 o., 86 u., 90 /Sven Simon S. 61, 65 /Kicker/Liedel S. 50 /Team 2 S. 53, 82, 83, 98, 111 /Kicker/Eissner S. 62 /Bernd Müller S. 64, 92 /Ulmer S. 69, 97 /Eibner S. 77, 109 /Camera 4 S. 84 /Colorsport S. 88 /Mary Evans S. 89 /Thomas Zimmermann S. 96 /osnapix S. 100 /Chai v.d. Laage S. 101 / Revierfoto S. 113 /Picture Point LE S. 114/115 Adobe Stock ©Jakub Krechowicz S. 11, ©Julien Tromeur S. 103; picture-alliance / obs S. 44; privat: S. 14, 16, 17, 18, 21, 26, 30/31, 34, 43; firo sportphoto S. 22, 75, 102, 110; Horstmüller S. 25, 27-29, 55, 57, 58/59; Jochen Tack S. 67; MSV Duisburg / Nico Herbertz S. 93; MSV-Museum S. 46, 49

Bibliografische Information der Deutschen Nationalbibliothek
Die Deutsche Nationalbibliothek verzeichnet diese Publikation in der Deutschen Nationalbibliografie; detaillierte bibliografische Daten sind im Internet über portal.dnb.de abrufbar.

Impressum
1. Auflage Oktober 2021
Redaktion: Dominik Hamers
Layout und Satz: Achim Nöllenheidt
Umschlagabbildungen: Imago: /Reichwein, /Werner Otto, /MaBoSport, /MIS TSV, /Christoph Reichwein; Adobe Stock ©Yaroslav; privat
Druck und Bindung: Linsen Druckcenter GmbH, Siemensstraße 12–14, 47533 Kleve

ISBN 978-3-8375-2395-9

KLARTEXT

Jakob Funke Medien Beteiligungs GmbH & Co. KG
Jakob-Funke-Platz 1, 45127 Essen
info.klartext@funkemedien.de
www.klartext-verlag.de

Martin Wedau & Tina Halberschmidt

MSV Duisburg

Populäre Irrtümer
und andere Wahrheiten

Inhalt

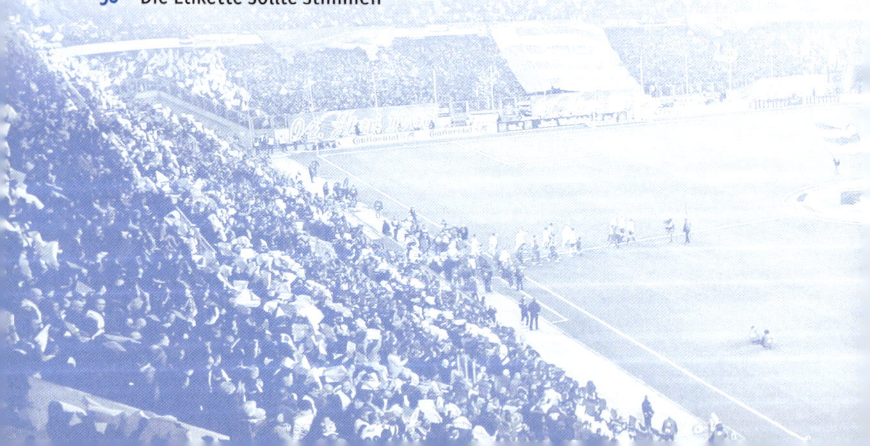

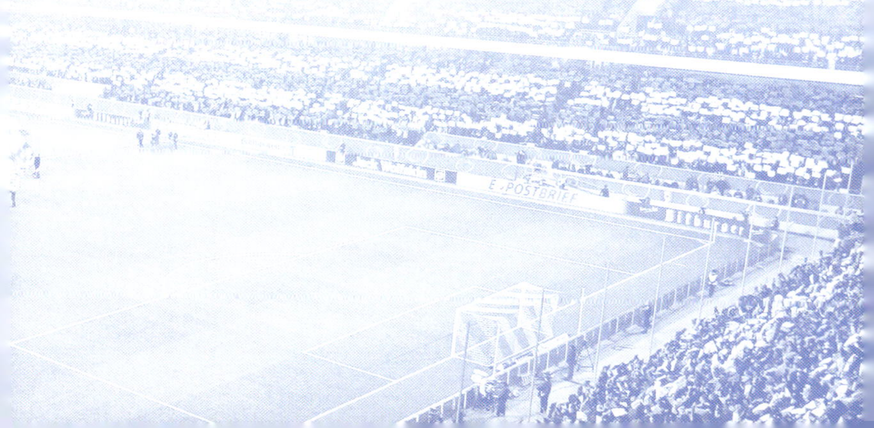

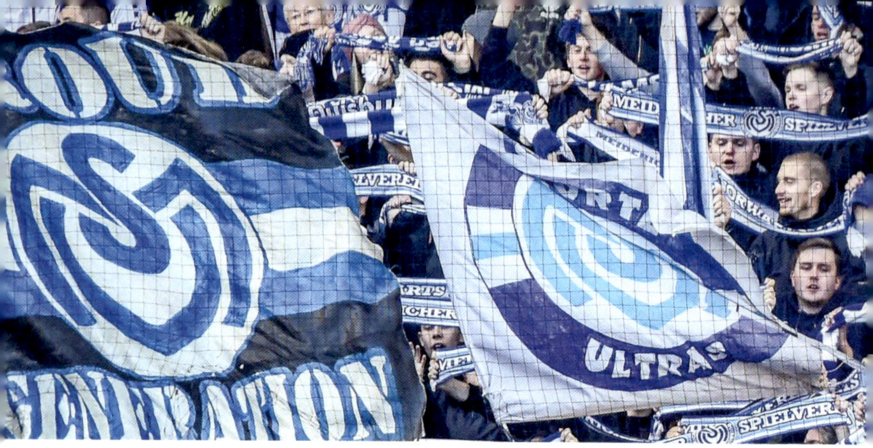

Zum Geleit

Der MSV Duisburg spielte in unserem Leben schon immer eine besondere Rolle: Durch unsere Eltern und Großeltern haben wir von den Helden der 1950er und 60er Jahre gehört. Später haben wir in den Kurven von Wedaustadion und MSV-Arena selbst unzählige Momente des Glücks erlebt, aber auch viele der Enttäuschung.

Wegen der großen Erfolge hängt wohl kaum einer sein Herz an den MSV – auch wir haben unsere „einzige ganz große Liebe" manchmal verflucht. Wir kennen den tief empfundenen Schmerz des Abstiegs, aber auch den Jubel beim Pokalsieg gegen den höherklassigen Verein. Wir haben Mannschaften von den 70ern bis heute angefeuert, waren dabei in Hamburg, Großaspach und

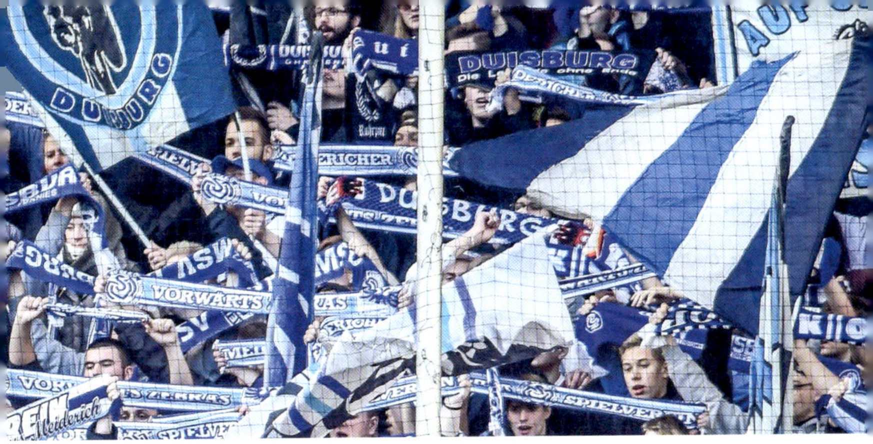

Oberhausen. Wir kennen noch UEFA-Pokal und UI-Cup, schwärmen immer noch für Kees Bregman, Stig Töfting oder Abdelaziz Ahanfouf und alten Zeiten mit Michael Zeyer, Peter Közle oder Thomas Gill. 2013 fürchteten wir das Ende des MSV und hofften bei den Achterbahnfahrten der vergangenen Jahre auf wiederkehrende Konstanz.

All das wurde wieder lebendig, als wir uns für dieses Buch mit Historie und Gegenwart des MSV beschäftigten. Wir haben interessante Wahrheiten gesammelt und konnten einige Irrtümer ausräumen. Am Ende ist dieses Buch ein Teil von dem, was erzählt werden kann. Denn Geschichten und Anekdoten über den MSV gibt es so viele wie Anhänger.

Beschluss im Weinstübchen

Nicht an der Westender Straße, sondern auf dem Hof des städtischen Realgymnasiums, dem heutigen Max-Planck-Gymnasium, spielten Meidericher zum ersten Mal Fußball. Wie überall in Deutschland betrachteten viele Ältere im damals selbstständigen Meiderich die „Fußlümmelei" der Jugendlichen mit Misstrauen. Für sie war das englische Spiel ein Angriff auf deutsche Tugenden.

Turnvereine besaßen bis dahin die Hoheit über den Sport, der für Disziplin und geregelten Übungsablauf stand. So sperrte der Turnlehrer am Realgymnasium, Franz Steinmetzer, bald den Schulhof für den Fußball. Doch mit dem Verbot beschleunigte er die Verbreitung des Sports nur. Als Folge zogen die Jugendlichen auf eine Wiese an der heutigen Westender Straße um. Nun wurden auch junge Erwachsene und aufgeschlossene Ältere auf den neuen Sport aufmerksam.

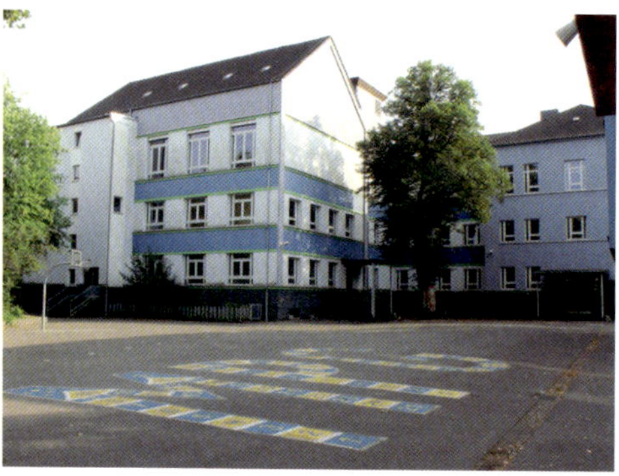

Die Grundrisse der Gebäude und des Schulhofs vom historischen Realgymnasium sind auch beim heutigen Max-Planck-Gymnasium noch erkennnbar.

Die entstandene feste Gruppe traf sich am 2. Juni 1902 in der Gaststätte „Weinstübchen" auf der Bahnhofstraße und beschloss die Vereinsgründung. Angelehnt an das Vorbild Duisburger Spielverein wählten sie die Vereinsfarben Blau-Weiß. Wie viele Gründungsmitglieder es gibt, variiert von Quelle zu Quelle. Viele gehen von 24, andere von bis zu 34 aus. Die Mühen führten zum Erfolg: Im August erhielt die Polizeibehörde Meiderichs die Vereinssatzung zur Anmeldung.

Der wirklich erste Vorstand

Sportlich stieg der MSV 2019 als 18. der Tabelle aus der 2. Liga ab – dafür aber im selben Jahr zum Gegenstand historischer Forschung auf. Die Gründungsgeschichte des MSV ist nun mit ihren zeithistorischen Fakten erforscht und sozial sowie kulturell gedeutet nachlesbar. Der gebürtige Duisburger Historiker Martin Blasius hatte Dokumente, Akten und Adressbücher aus den ersten Vereinsjahren gelesen. Die Ergebnisse veröffentlichte er als wissenschaftlichen Aufsatz unter dem Titel „Die Anfänge des Meidericher Spielvereins: Ein Stück Duisburger Stadtgeschichte" in dem jährlich erscheinenden Sammelband „Rhein Maas. Geschichte, Sprache und Kultur".

Dabei konnte er einen Irrtum korrigieren, der seit der Festschrift des MSV zum 25-jährigen Vereinsjubiläum aus dem Jahr 1927 weitergetragen wird. Demnach war der erste Vereinsvorsitzende des „Meidericher Spiel-Vereins" Arthur Hanitsch. Dagegen stieß Blasius bei seinen Recherchen im Stadtarchiv auf ein Schreiben aus der Anfangszeit. Aus ihm geht hervor, dass der Buchbinder Karl Meißner der erste Vorsitzende des MSV war. Der zugezogene Verwaltungsbeamte Arthur Hanitsch folgte Meißner als Vorsitzender, als der 1903 im Alter von 22 Jahren starb. Unklar ist, ob Hanitsch aktiv Fußball spielte.

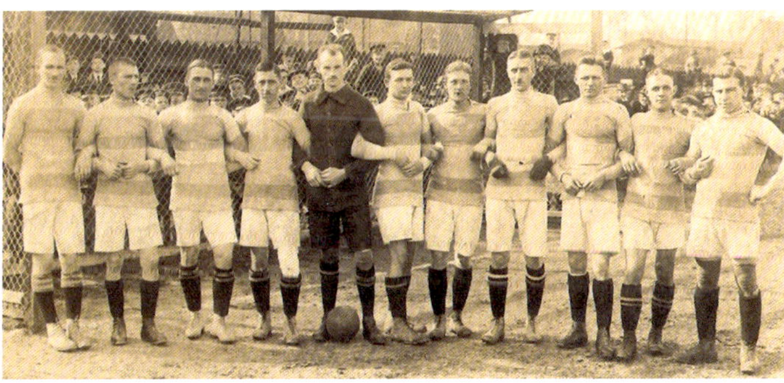

Nach dem Ersten Weltkrieg konnte der Meidericher SV sofort wieder mit einer Mannschaft am Spielbetrieb teilnehmen.

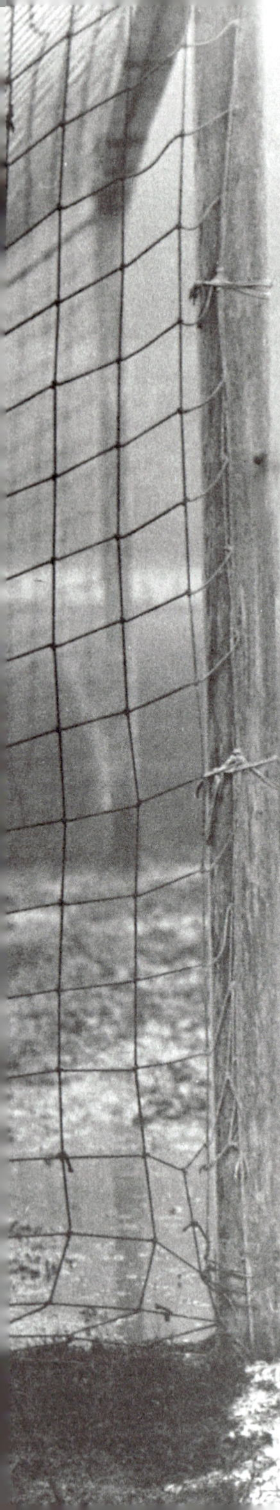

Erstes Ligaspiel gegen Schalke 96

Am 28. September 1902 wurde der MSV in den Rheinisch-Westfälischen Spielverband aufgenommen und der III. Spielklasse zugeordnet. Das erste Ligaspiel gegen SuS Schalke 96 II fand am 14. Dezember 1902 statt und endete 1:1. Am 18. Januar 1903 endete das Heimspiel gegen FC Dortmund II mit 2:1 – der erste Meisterschaftssieg der Vereinsgeschichte. Später wurden diese Punkte aberkannt, weil Spieler keine Spielberechtigung hatten.

Am Ende der Saison stand der MSV mit einem Punkt auf dem letzten Tabellenplatz. Die Gründergeneration hatte Lehrgeld gezahlt, weniger in sportlicher als in organisatorischer Hinsicht. Das knappe Torverhältnis verweist auf weitere Niederlagen am grünen Tisch.

Endlos bis zur Entscheidung

Wie bei unentschiedenem Ausgang von Finalspielen ein Sieger gefunden wird, war in den Anfängen des Fußballs nicht festgelegt. Zunächst vereinbarten die Mannschaftskapitäne die Dauer der Verlängerung. So brauchten 1915 der MSV und der DSC Preußen rund 150 Minuten, ehe die Zebras mit einem 3:2-Sieg Ruhrbezirksmeister wurden.

Als die Spielordnung 1929 einheitlicher war, erstreckte sich die Entscheidung um die Niederrhein-Meisterschaft über vier Tage. Für das Finale qualifiziert waren als Gruppenerste der zwei Bezirksklassen der MSV und die SpV Oberhausen, aus der später durch die Fusion mit anderen Vereinen Rot-Weiß Oberhausen hervorging.

Das Hinspiel gewannen die Zebras mit 6:1. Der Mittelstürmer Walter Krämer, ein Onkel der MSV-Größe der 60er Jahre „Eia" Krämer, muss Garant des Siegs gewesen sein. Ohne Verrechnung der erzielten Tore führte der 1:0-Sieg der Oberhausener im Rückspiel zu einem Entscheidungsspiel. In Hamborn stand es 0:0 nach 90 Minuten. Auch in der Verlängerung fielen keine Tore. Ohne Flutlicht ging es nicht weiter. So kam es zum vierten Spiel in Duisburg, das 2:2 endete. Dieses Mal aber erfolgte in der Verlängerung die Entscheidung durch ein Kopfballtor vom Mittelläufer des MSV, Willi Lange. Der Niederrheinmeister hieß nach 427 Spielminuten Meidericher SV – zum ersten Mal.

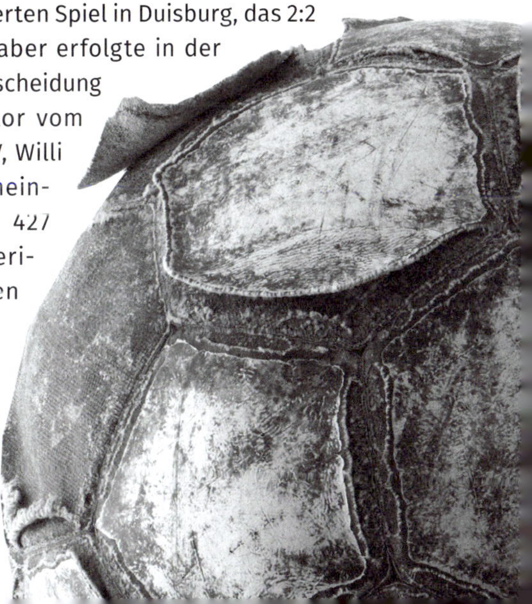

AHA!

Fast alle Fragen offen

Die sportlichen Fakten aus der Zeit des Nationalsozialismus sind bekannt. Doch die Geschichte hinter dem sportlichen Niedergang ab 1933, hinter Spielerabgängen und hinter den auffällig vielen Wechseln der Vereinsführung muss noch erzählt werden. Bislang hat sich kein Historiker zu der Zeit geäußert. Mangels Bedeutung des Vereins im Nationalsozialismus fehlte einerseits das öffentliche Interesse. Andererseits war der MSV in den vergangenen Jahren viel zu sehr mit dem Überleben im Fußballgeschäft beschäftigt, um wie der FC Schalke 04 im Jahr 2005 oder Borussia Dortmund 2020 die Erforschung jenes Kapitels der Vereinsgeschichte voranzutreiben.

Allgemein lässt sich sagen, die Gleichschaltung durch die Nationalsozialisten gab es nach der Machtübernahme 1933 selbstverständlich auch im Fußball. In den Vereinen wurden Einheitssatzungen durchgesetzt. Das Führerprinzip wurde eingeführt und demokratische Verfahren abgeschafft. Juden durften am Vereinsleben nicht mehr teilnehmen. Inwieweit Regimegegner aus den Vereinen gedrängt wurden, hing von den lokalen Gegebenheiten ab.

Der Meidericher SV wurde damals vom Bürgertum des Stadtteils getragen. Gerade im Ruhrgebiet betrachtete die Nazi-Führung den Fußball auch als Möglichkeit, die Arbeiterschaft nicht nur körperlich zu ertüchtigen, sondern auch um junge Menschen an das System zu binden. Der Wandel des Vereins- zum Betriebssport war deshalb gewünscht. Hamborn 07 etwa ging diesen Weg und fusionierte mit der Betriebssportgemeinschaft der August-Thyssen-Hütte. Der MSV blieb unabhängig von einem Unternehmen. Zudem entstanden viele Betriebssportgemeinschaften neu, die unabhängigen Vereinen weitere Mitglieder entzogen. Auch darunter litt der Meidericher SV.

Es muss offen bleiben, was genau alles dazu beitrug, dass der Verein trotz der sportlichen Erfolge in dem Jahrzehnt zuvor kein Startrecht in der 1933 neu gegründeten höchsten Liga, der Gauliga, erhielt. In der Bezirksliga spielend war nur im ersten Jahr an Aufstieg zu denken. Danach drohte sogar einmal der Abstieg. Durch Zuschauerrückgang und Mitgliederschwund kämpfte der Verein finanziell ums Überleben.

Erkenntnisse zum MSV in der Zeit des Nationalsozialismus darf man sich momentan nur durch das ehrenamtliche Engagement von Fans erhoffen. Das MSV-Museum etwa ist noch zwar ein Online-Projekt, doch das Interesse für sämtliche Zusammenhänge der Vereinsgeschichte ist bei den Verantwortlichen groß. Außerdem gibt es unter MSV-Fans auch Historiker. Wenn sie Zeit haben, werden im Stadtarchiv Quellen gesichtet. Dabei ist eines auch klar, eine Studie zum MSV im Nationalsozialismus ist ein aufwändiges Forschungsprojekt, das ohne finanzielle Förderung nicht verwirklicht werden kann.

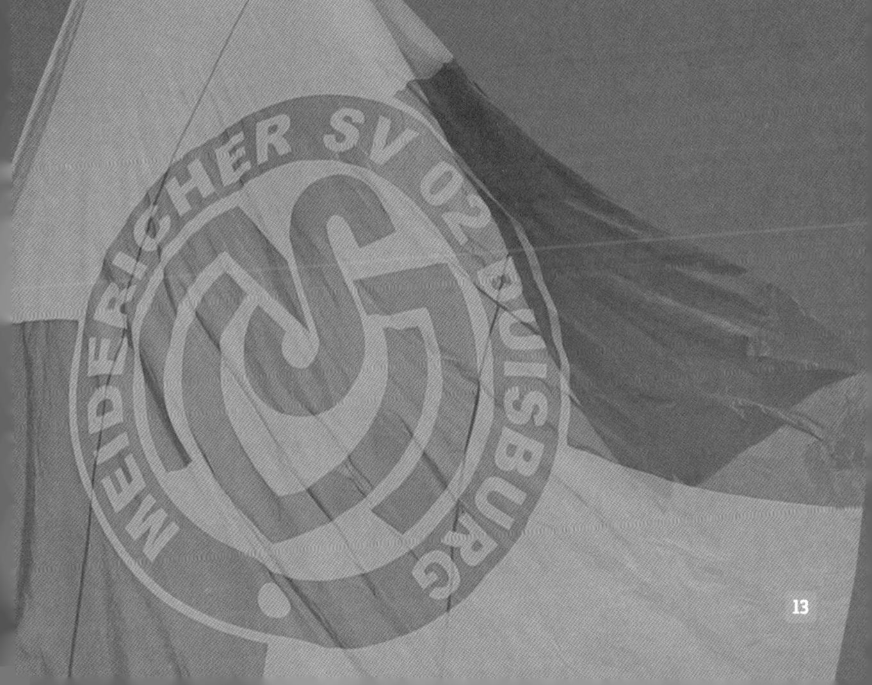

Urkunden und Ölgemälde

Schon kurz nach Ende des Zweiten Weltkriegs organisierte sich der Fußball auch in Duisburg wieder. Sportlicher Wettbewerb half dabei, in den Ruinen der zerbombten Stadt Alltag herzustellen und unterhaltende Abwechslung zu bieten. Ab September 1945 wurde bis zum Juni 1946 eine Stadtmeisterschaft ausgespielt.

Trotz unterschiedlicher Spielstärke der Mannschaften wurden die Teams in nur zwei Gruppen eingeteilt – mit der Ruhr als Grenze zwischen Süd und Nord. Jeder spielte gegen jeden, ehe als Sieger der beiden Gruppen der Duisburger SV und der Meidericher SV feststanden. Am 16. Juni 1946 fand das Hinspiel des Finales vor 12.000 Zuschauern im Stadion an der Westender Straße statt. Von DSV-Seite hieß es über den 5:1-Sieg der Meidericher: „Während dem Gegner einfach alles glückte, gelang unserer Mannschaft gar nichts. Wenn Meiderich auch besser war, so ist das Resultat viel zu hoch.“

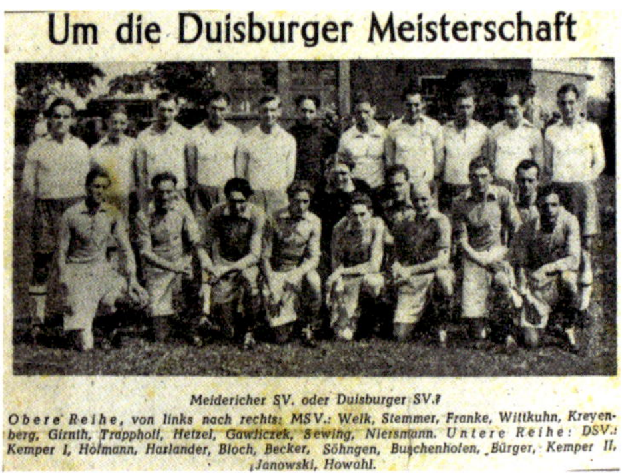

Um die Duisburger Meisterschaft

Meidericher SV. oder Duisburger SV.?

Obere Reihe, von links nach rechts: MSV.: Welk, Stemmer, Franke, Wittkuhn, Kreyenberg, Girnth, Trappholl, Hetzel, Gawliczek, Sewing, Niersmann. Untere Reihe: DSV.: Kemper I, Hofmann, Harlander, Bloch, Becker, Söhngen, Buschenhofen, Bürger, Kemper II, Janowski, Howahl.

Die lange Rivalität zwischen dem Meidericher SV und dem Duisburger SV verhinderte nicht ein gemeinsames Mannschaftsfoto.

Da die Ergebnisse miteinander verrechnet wurden, hatte der DSV im Rückspiel eine Woche später kaum mehr eine Chance auf die Meisterschaft. Zwar gewann die Mannschaft im Wedaustadion vor 15.000 Zuschauern nach überlegenem Spiel mit 1:0. Der erste Stadtmeister nach dem Zweiten Weltkrieg aber hieß Meidericher SV. Neben dem Blumenstrauß für den Meister gab es für beide Finalteilnehmer Urkunden und „wertvolle Ölgemälde einer Industrielandschaft“ als Ehrenpreise.

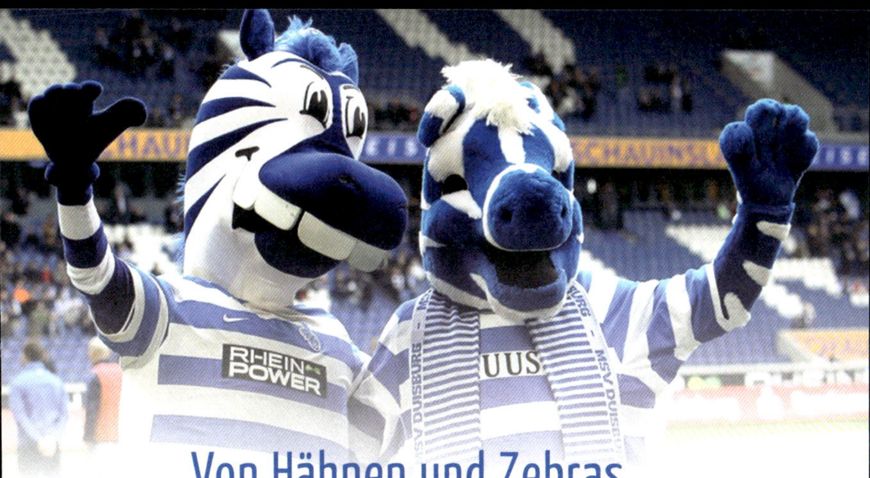

Von Hähnen und Zebras

Seit 2005 ist „Ennatz“ als MSV-Maskottchen dabei. Was aber nur noch wenige wissen: Vor dem Zebra gab es ein anderes Tier beim MSV – einen Hahn. Das Meidericher Wappentier ist zum Beispiel auf einem wahrscheinlich aus dem Jahr 1955 stammenden Duisburger Wimpel zu sehen, der vom MSV-Museum aufbewahrt wird. Passend dazu gibt es die Geschichte, wie die MSV-Kicker im März 1951 zum Aufstieg in die Oberliga West einen lebendigen Hahn im Korb überreicht bekamen. Der Hahn soll später als Braten auf dem Tisch gelandet sein.

Ein Schicksal, welches das heutige Maskottchen glücklicherweise nicht ereilen wird: „Ennatz“ gehört beim MSV heute fest dazu. Den Namen haben die Fans ausgesucht: Bei einer Internet-Wahl stimmten 47 Prozent der rund 6.000 Teilnehmer für den Spitznamen von Bernard Dietz.

Ein Zebra gab es beim MSV schon vor „Ennatz“: Vor den Heimspielen im Wedaustadion liefen in den 1990er Jahren zwei Personen im Zebra-Kostüm über den Rasen. Unfreiwillig komisch wirkte das oft – wenn der Vordermann losmarschierte und der Hintermann erst einige Sekunden brauchte, um zu verstehen, in welche Richtung es gehen sollte.

Der niederländische Club „De Graafschap“ aus Doetinchem spielt auch in Zebrastreifen und hat, wie oben rechts zu sehen, ebenfalls ein Zebra als Maskottchen, das „Guus“ heißt.

Endlich wieder in der höchsten Liga

Am ersten Mai-Wochenende 1951 stand Meiderich Kopf. Jeden Abend drängten mehr Menschen als möglich in das 1400 Personen fassende Festzelt an der Westender Straße und tanzten die Nächte durch. Am Sonntagmorgen spielte ein Orchester zum Frühkonzert auf. Die Box- und Leichtathletik-Abteilungen des MSV traten zu Schauwettkämpfen an. Der „große Festzug aller Mitglieder und Anhänger des MSV durch Meiderich“ fand Samstagabend statt.

Die „Vertragsspieler-Mannschaft“ war in die Oberliga West aufgestiegen, in die 1. Division, wie es damals hieß. Endlich erlebten die älteren Mitglieder die Fortsetzung der Erfolgsgeschichte der 1920er Jahre. Zu Beginn der Saison noch mit Leistungsschwankungen, festigte sich die Mannschaft unter „Fischken“ Multhaup schnell und stieg mit neun Punkten Vorsprung vor dem Zweiten souverän auf. Die MSV-Offensive war eine der Extra-Klasse. Unglaubliche 96 Tore hatte die Mannschaft in 30 Spielen erzielt. „Burger“ Hetzel, Kurt Küppers und Johannes Krämer schossen zusammen 65 Tore. Die meisten Spieler kamen aus der Jugend des MSV, so auch die Torhüter Walter Tannemann und Erwin Pajonk, der erst im Verlauf der Saison zum Stammtorwart wurde. Später sollte er dafür bekannt werden, in jedem Spiel das Plüschzebra seines Sohnes als Glücksbringer ins Tor zu stellen.

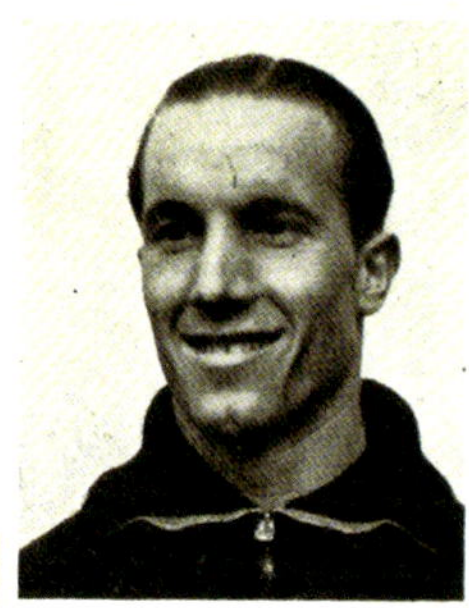

Pajonk, Meidericher SV.

Torwart Erwin Pajonk war bis zur Saison 1960/61 Vertragsspieler.

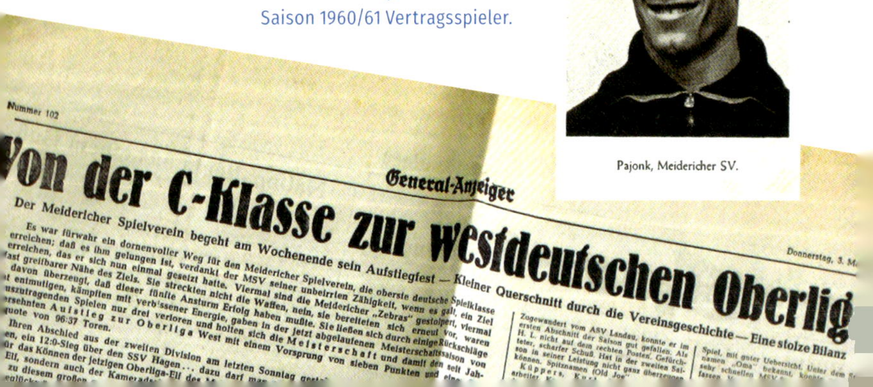

Nummer 102

General-Anzeiger

Donnerstag, 3. M

Von der C-Klasse zur westdeutschen Oberlig

Der Meidericher Spielverein begeht am Wochenende sein Aufstiegfest — Kleiner Querschnitt durch die Vereinsgeschichte — Eine stolze Bilanz

Es war fürwahr ein dornenvoller Weg für den Meidericher Spielverein, die oberste deutsche Spielklasse erreichen; daß es ihm gelungen ist, verdankt der MSV seiner unbeirrten Zähigkeit, wenn es galt, ein Ziel erreichen, das er sich nun einmal gesetzt hatte. Viermal sind die Meidericher „Zebras“ gestolpert, viermal fast greifbarer Nähe des Ziels. Sie streckten nicht die Waffen, nein, sie bereiteten sich erneut vor, waren davon überzeugt, daß dieser fünfte Ansturm Erfolg haben mußte. Sie ließen sich durch einige Rückschläge entmutigen, kämpften mit verbissener Energie, gaben in der jetzt abgelaufenen Meisterschaftssaison von uszutragenden Spielen nur drei verloren und holten sich die Meisterschaft und damit den seit Jahersehnten Aufstieg zur Oberliga West mit einem Vorsprung von sieben Punkten und eine quote von 96:37 Toren.

Ihren Abschied aus der zweiten Division am letzten Sonntag ... en, ein 12:0-Sieg über den SSV Hagen ... dazu darf man ... ür das Können der jetzigen Oberliga-Elf ... Elf, sondern auch der Kameradschaft ... zu diesem großen ...

Zugewandert vom ASV Landau, konnte er im ersten Abschnitt der Saison gut gefallen. Als H. L. nicht auf dem rechten Posten. Gefürchteter, scharfer Schuß. Hat in der zweiten Saison in seiner Leistung nicht ganz überzeugen können. Spitznamen „Old Joe“.
Küppers, Kurt ...

Spiel, mit guter Uebersicht. Unter dem ... namen „Oma“ bekannt, konnte ... sehr schnellen MSV ...

In Handschellen zum Platz

Für Karl „Burger" Hetzel, den legendären Stürmer der ersten Oberligajahre des MSV, war der Weg vom Arbeits- zum Fußballplatz in der Aufstiegssaison 1950/51 nicht mehr weit. Als Wirt der Vereinsgaststätte ging er eben rüber zu Training und Spiel. Länger hatten davor einmal die Anfahrten vom Gefängnis Hamborn gedauert. Zu drei Monaten soll er verurteilt worden sein, wegen Schmuggels. Freigang erhielt er für jedes Spiel. Polizisten hatten ihn in Handschellen zum Rasen geführt. Seine Treffsicherheit litt darunter nicht.

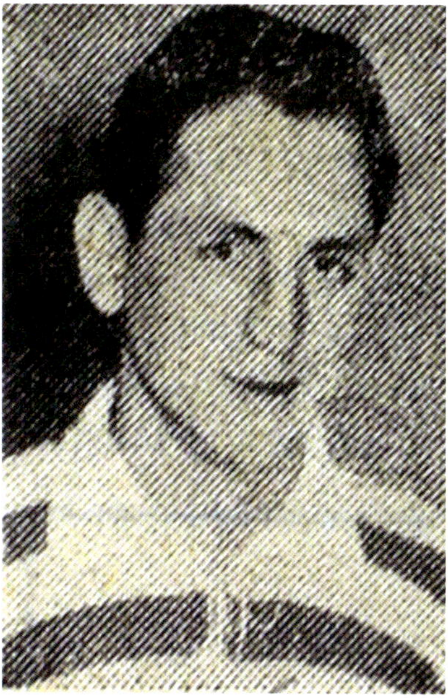

Karl „Burger" Hetzel
im Aufstiegsjahr 1951

Auch als Stürmer des Zweitligisten MSV wurde er 1950 weiter in die Auswahlmannschaft des Westens berufen. Seine Schussschärfe, Antrittsschnelligkeit und Passgenauigkeit überzeugten bereits während des Kriegs bei Westende Hamborn. Seinerzeit wurde er auch noch „Bubi" gerufen, dem ersten seiner zwei Spitznamen. Die Aufstiegsausgabe der NRZ im Mai 1951 erklärte, diesen höre er nicht mehr gern.

Mit 25 Treffern wurde „Burger" Hetzel Torschützenkönig der Oberliga West in der Saison 1951/52. Wegen einer Verletzung endete 1956 die Karriere des 36-jährigen Torjägers. Für ihn gilt, was über viele gute Fußballer im Westen immer wieder von Älteren gesagt wird: Ein Mann für die Nationalmannschaft, doch Sepp Herberger habe ihn nicht leiden können.

AHA!

Pfostenbruch und Pornobrille

Im Fußball gibt es Geschichten, die gibt es nur im Fußball – wie diese skurrilen MSV-Anekdoten beweisen.

„PITTER" DANZBERG UND DER PFOSTENBRUCH

Im Mai 1963 ging es für die Meidericher um nichts Geringeres als um eines der begehrten Tickets für die neu zu gründende Bundesliga. Im wichtigen Spiel gegen Viktoria Köln gelang den Zebras am 1. Mai ein 3:2-Erfolg, wobei „Pitter" Danzberg den 2:2-Ausgleich erst in der 77. Minute erzielte. Der Jubel war entsprechend heftig: Er sei „vor Freude ins Tornetz gesprungen, woraufhin das gesamte Tor zusammengekracht sei", erinnerte sich Danzberg 2007 im „RevierSport"-Interview. Das Tor habe erst wieder „zusammengenagelt" werden müssen. Als es wieder stand, markierte „Pitter" drei Minuten vor Schluss den Siegtreffer. Mit dem 3:2 im Rücken traten die Meidericher vier Tage später gegen Hamborn 07 an. Der Rest ist Geschichte.

HOPPI UND DER VOLLE AKKU

3:2 endete die Partie MSV gegen Kaiserslautern am 31. Spieltag der Bundesliga-Saison 1994/95. Es war ein komplett verrücktes Spiel. Die Zebras, die sich mitten im Abstiegskampf befanden, gerieten

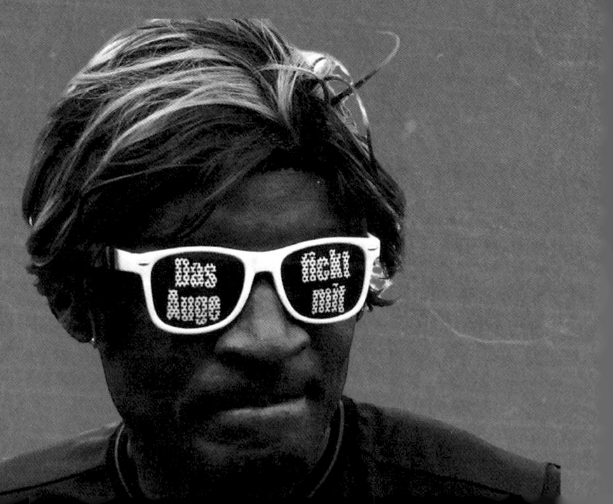

Nach der Rückkehr in die 2. Liga war Kingsley Onuegbu mit dieser Pornobrille im TV zu sehen.

zweimal in Rückstand, kamen aber immer wieder zurück. Und dann schoss Rachid Azzouzi den 3:2-Siegtreffer. In der 87. Minute! Das Stadion bebte – und Kultkicker Joachim Hopp ebenso. Vom Sat.1-Reporter gefragt, wie lange man denn nach so einem Spiel brauche, bis der Akku wieder auf Normaltemperatur sei, schrie Hopp ins Mikro: „Der Akku, der muss jetzt immer voll sein, immer voll durch, wir haben jetzt nur noch drei Spiele, jetzt zählt es, alles oder nichts!" Und dann ging Hopp zu Boden. Einen Schwächeanfall, wie gerüchteweise behauptet wurde, erlitt der Kicker in diesem Moment aber glücklicherweise nicht. Er bückte sich nach einer Wasserflasche, die ihm vom Zeugwart hingeworfen worden war.

ONUEGBU UND DIE PORNOBRILLE(N)

Mit einem 3:0-Sieg bei Fortuna Köln macht der MSV zum Ende der Saison 2016/17 die Rückkehr in die 2. Bundesliga perfekt. Schon in Köln wird hart gefeiert. Besonders fröhlich ist Kingsley Onuegbu: Den Journalisten der ARD gibt der Stürmer ein Interview, trägt dabei eine blonde Perücke sowie eine Brille mit der Aufschrift „Das Auge fickt mit". Dem TV-Reporter wird das nach einer Weile zu heikel, er bricht das Interview ab. Onuegbu nimmt's gelassen und die Brille ab. Später wird der Stürmer mit einer anderen Brille gesichtet: „Rotzevoll" steht darauf.

MARK FLEKKEN UND DIE WASSERFLASCHE

Es war einer der kuriosesten Treffer in der Geschichte der zweiten Liga: Im Kasten des MSV fabrizierte Keeper Mark Flekken am 24. Februar 2018 gegen den FC Ingolstadt das „Kacktor des Monats". Als Ingolstadt einen langen Ball nach vorne spielt, will MSV-Verteidiger Gerrit Nauber klären. Er köpft den Ball nach hinten zum Keeper, doch der Mann im Kasten ist gerade nicht mit dem Spiel, sondern mit seiner Wasserflasche beschäftigt. FCI-Stürmer Stefan Kutschke schiebt ungehindert zum 1:1 ein – und Mark Flekken schaut dumm aus der Wäsche.

AHA!

Schiri-Dress statt Zebra-Trikot

Es ist das Schicksal von Schiedsrichtern, wichtige Spiele der Karriere kaum einmal in der Heimatstadt zu pfeifen. Für Gerd Hennig wurde erst das Abschiedsspiel von Bernard Dietz am 10. Mai 1988 zwischen den Nationalmannschaften von 1980 und 1988 zu dieser Besonderheit. Zwischen 1964 und 1982 hatte er 161 Bundesligaspiele geleitet, dazu 52 Zweitligaspiele sowie einige Länder- und Europapokalspiele.

Sein erster Fußballplatz war kurz nach Ende des Zweiten Weltkriegs die Meidericher Bronkhorststraße, auch wenn es sich in Holzsandalen nicht gut spielte. Die Fußballschuhe schenkte ihm dann ein früherer Klassenkamerad der Mutter. Seine Bedingung: Anmeldung beim Meidericher SV. Als schneller Außenstürmer durchlief Hennig die Jugendmannschaften. Aber schon im ersten Jahr als Senior entschied er sich, Fußballspiele nur noch zu leiten. Der Vereinswechsel war eine Folge.

In seinen späteren Erinnerungen wirken die Einsatzwochenenden manchmal wie Städtetouren mit Freunden. Am Vorabend des Spiels wurde gegessen und getrunken. In Bremen gab es nach dem Spiel mit dem verwarnten Horst-Dieter Höttges einen Aquavit. Der Sekt in der Umkleide war obligatorisch. Und in Berlin führte 1979 die Einladung vom ZDF-Hitparaden-Moderator Dieter Thomas Heck zum Anpfiff der Sendung mit Schlagergrößen wie Tina York und Mary Roos.

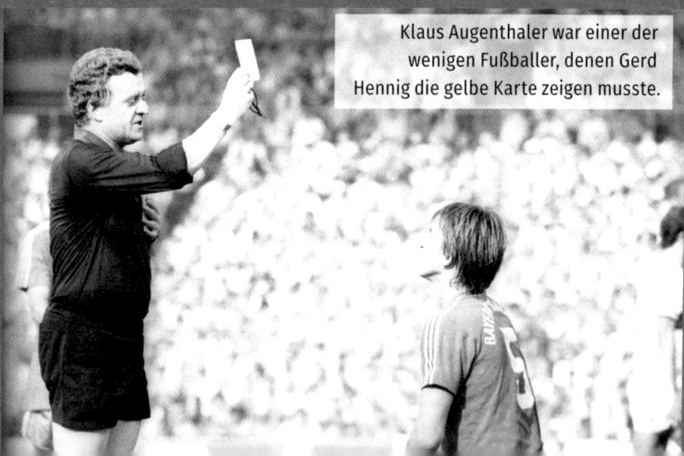

Klaus Augenthaler war einer der wenigen Fußballer, denen Gerd Hennig die gelbe Karte zeigen musste.

Kurt Neumann, der Erste

1.200 Spiele, langjähriger Mannschaftskapitän, Deutschlands ältester Vertragsspieler: Kurt Neumann, der bis in die 1960er für Meiderich kickte, war der Rekordspieler der frühen MSV-Jahre. 1923 geboren, entdeckte Neumann mit elf Jahren den Fußball für sich, pöhlte erst im Werksportverein Hüttenbetrieb und ging dann zum MSV. Dort stand Neumann zunächst im Tor, aber das machte ihn nicht glücklich. „Ich habe da immer nur gefroren. Wir waren einfach zu gut, und ich hatte auf der Position gar nix zu tun", erinnerte er sich in einem Interview. Neumann wollte Feldspieler sein und verließ den MSV zunächst, ging zum Rivalen Meiderich 06/95. Von dort warb ihn der MSV nach dem Krieg wieder ab.

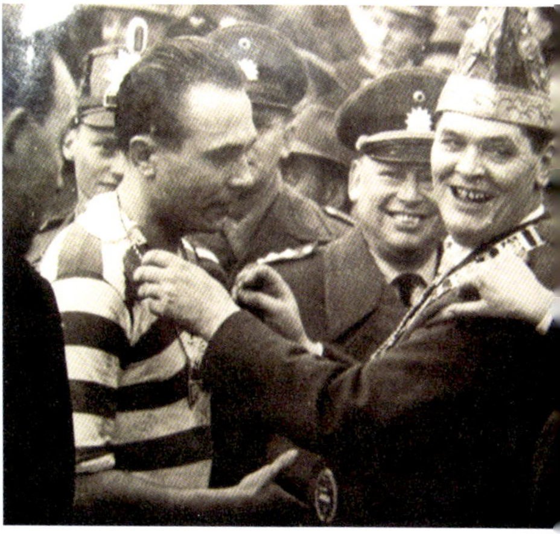

Kurt Neumann (l.), Rekordspieler der frühen MSV-Jahre

Bis 1963 spielte Neumann regelmäßig für den MSV. Als sein Vertrag auslief, war er 40 Jahre alt. Doch Neumann hatte noch längst nicht fertig. Er machte den Trainerschein und coachte lokale Teams. Mit 50 war dann endgültig Schluss mit Fußball. Die Geschehnisse rund um seinen MSV verfolgte Neumann aber bis ins hohe Alter. 2014 starb „Kurti", und wenn es einen Himmel gibt, dann drückt er den Zebras jetzt von dort die Daumen.

Im Team des MSV befand sich zu Kurt Neumanns Zeit noch ein anderer Neumann: Erich, der „Neumann II" genannt wurde. Entgegen der landläufigen Meinung waren Kurt und Erich weder verwandt noch verschwägert.

Zahlen und Fakten

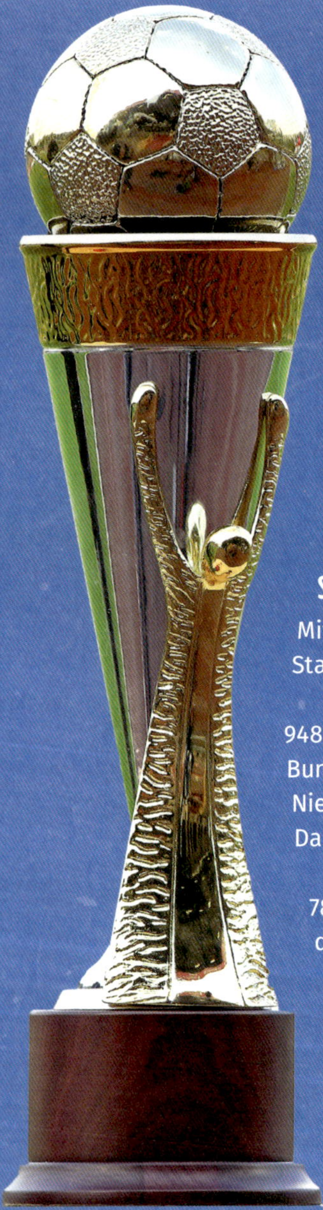

ERFOLGE

Deutscher Amateurmeister 1986/87
Meister 3. Liga 2016/2017
Teilnahme am Pokalfinale 1966, 1975, 1998, 2011
Niederrheinpokalsieger 1989, 2014, 2017

6 Bundesligaabstiege
5 Bundesligaaufstiege
4 Abstiege aus der 2. Liga
3 Zweitligaaufstiege

STATISTIK

Mitglieder: 8439, Stand 31. Januar 2021

948 Spiele bestritt der MSV in der Bundesliga mit 296 Siegen, 259 Niederlagen, 393 Unentschieden. Das Torverhältnis beträgt 1291:1520.

784 Spiele bestritt der MSV in der 2. Liga mit 294 Siegen, 218 Unentschieden, 272 Niederlagen Das Torverhältnis beträgt 1128:1074.

HISTORIE

1967 benennt sich der Meidericher SV in MSV Duisburg um.

Am 12. Januar 1974 spielt die Mannschaft im Heimspiel gegen Eintracht Frankfurt zum ersten Mal in einem Trikot mit Sponsoraufdruck. Sponsor war die Strickwarenfirma „Brian Scott“.

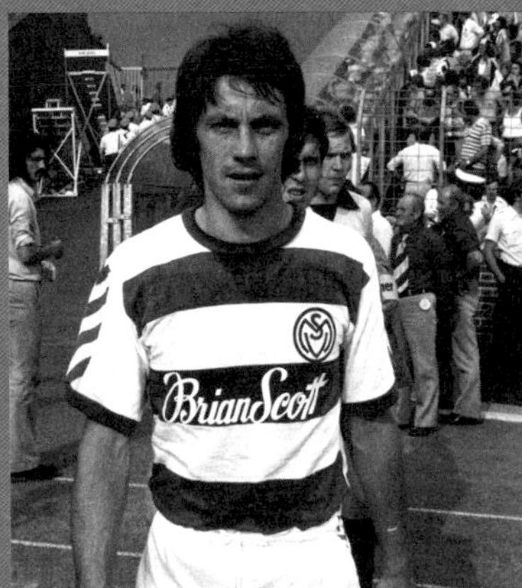

Neue Trikotzeiten mit Theo Bücker

2001 stimmt auf einer außerordentlichen Mitgliederversammlung die Mehrzahl der Mitglieder für die Ausgliederung der Profifußballableilung auf die MSV Duisburg GmbH & Co. KGaA.

Am 17. Oktober 2003 wird der Grundstein für die Arena gelegt.

Am 22. November 2010 wird der zweimillionste Ligabesucher gezählt.

Im Januar 2014 werden die Mannschaften des insolventen FCR 2001 Duisburg in einer neu gegründeten Frauenfußballabteilung aufgenommen.

Bundesliga neu, Meiderich dabei

Jede Geschichte hat eine Vorgeschichte. Zur Bundesligaqualifikation des MSV gehört zweifellos der sofortige Wiederaufstieg 1956 in die Oberliga unter Trainer Hermann Lindemann nach nur einem Jahr in der 2. Liga West. Dadurch konnten sich die Zebras jene Punkte erspielen, die im komplizierten DFB-Auswahlverfahren als Zwölfjahreswertung für die Bundesliga berücksichtigt wurden. Gefordert waren zudem ein Finanzplan und ein modernes Stadion. Verbandspolitische Erwägungen spielten auch eine Rolle, so dass die Entscheidungsfindung 1963 bei Zweifelsfällen undurchsichtig wurde. Für die Meidericher war es sicher kein Nachteil, dass der Vereinspräsident Dr. Walter Schmidt mit Franz Kremer, dem Präsidenten des 1. FC Köln und mächtigen Strippenzieher bei der Bundesligagründung, befreundet war.

Sportlich gesehen musste die Mannschaft dennoch Grundlagen schaffen. Die größte Hoffnung auf die Qualifikation versprach der dritte Tabellenplatz. Sinnbildhaft für das furiose Saisonfinale mit drei Siegen wird das vorletzte Meisterschafts-

Franz Beckenbauer bekam Werner „Eia“ Krämer nicht in den Griff.

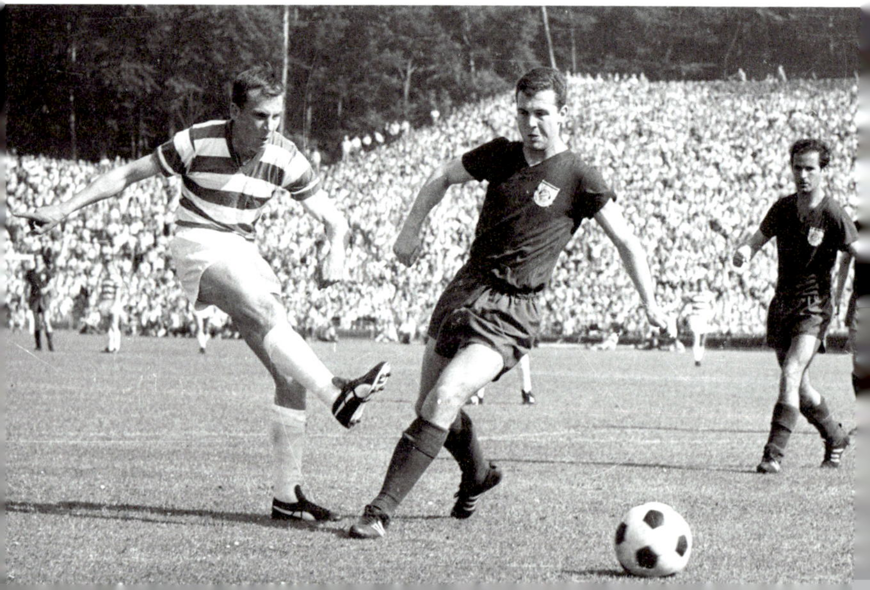

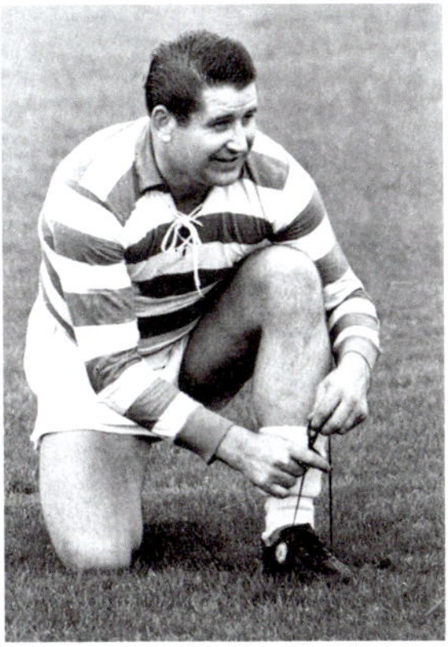

Helmut Rahn machte den Meidericher SV in Deutschland bekannter.

spiel gegen Hamborn 07. In der 90. Minute führte Werner „Eia" Krämer einen Freistoß aus. Der Hamborner Torwart wehrte den Ball zu kurz ab und Dieter „Pitter" Danzberg schoss ihn zum 2:1 ins Tor. Den weiter Hoffnung gebenden vierten Platz verteidigten die Zebras gegenüber Alemannia Aachen.

Doch die Entscheidung fiel vor dem letzten Spieltag. Am Abend des 6. Mai bestätigte ein Telegramm vom DFB, dem Aufnahmeantrag werde stattgegeben. Später hieß es, ein nochmaliges Durchrechnen der Zwölfjahreswertung hätte für den MSV ein besseres Ergebnis gebracht. Am letzten Spieltag überholte der MSV Preußen Münster mit einem 2:1-Sieg in der Tabelle sogar noch und erreichte Platz 3.

In Aachen fühlten sich Verantwortliche und Anhänger der Alemannia benachteiligt. Die Empörung war groß. Fans schrieben anonyme Briefe an die Geschäftsstelle in Meiderich. Manche riefen an und beschimpften die Mitarbeiter persönlich. Präsident Walter Schmidt erhielt an seine Privatadresse Schmähbriefe. Fortan wurde jede Nachricht aus Meiderich darauf abgeklopft, ob sie als Regelverstoß zur Disqualifikation des MSV führen könnte. Als Helmut Rahn vom SC Enschede zum MSV wechselte, hegten die Aachener den Verdacht, zu hohes Handgeld sei geflossen. Der DFB-Kontrollausschuss sollte den Vorgang untersuchen. Eidesstattliche Versicherungen aus Enschede bereinigten den Verdacht. Die Alemannia suchte weiter und fand das Freundschaftsspiel in Kleve zwischen Enschede und dem MSV. Der Vorwurf: verbotene zusätzliche Ablöse. Auch das war aus der Luft gegriffen. Der Bundesligist Meidericher SV konnte sich auf die sportliche Zukunft konzentrieren.

1. FC Duisburg, nein danke

Kein Duisburger Verein gewann jemals die Viktoria, den Pokal für den Deutschen Fußballmeister vor Einführung der Bundesliga. Dennoch war Duisburg über Jahre die Stadt im Westen mit den meisten leistungsstarken Fußballvereinen. Von fünf hochklassig spielenden Vereine konnte sich keiner zum alleinigen Vertreter der Stadt durchsetzen. Bei der Qualifikation zur neu geschaffenen Bundesliga erwies sich das als Nachteil für die Bewerber Hamborn 07 und Meidericher SV.

So lagen Überlegungen nahe, die Chancen für einen per Fusion neu gegründeten Verein zu erhöhen. In den Vereinen selbst war man zurückhaltend. Doch der WFV-Schatzmeister und Duisburger Ratsherr Michel Berchem organisierte ein Treffen von städtischen Verantwortlichen des Sports, den Vereinsvertretern der zwei Oberligisten sowie der drei Zweitligisten Duisburger SV, TuS Duisburg 48/99 und dem FV Duisburg 08. Einig wurde man sich nicht.

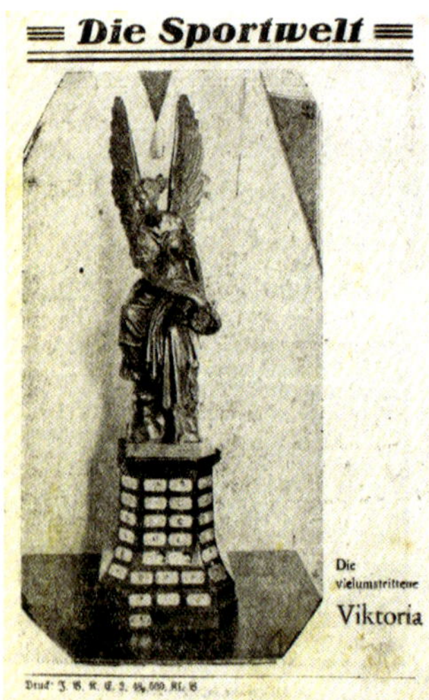

Vor Gründung der Bundesliga die Trophäe des Deutschen Meisters: die Viktoria

Später erhielt der Fusionsgedanke in der Duisburger Öffentlichkeit noch einmal Aufwind, als der MSV von 1966 an sportlich schwächer wurde und in finanzielle Schwierigkeiten geriet. In den Zeitungen kochte das Thema 1968 hoch. Die Ablehnung der Vereine blieb eindeutig. Zumal Tatsachen längst geschaffen waren. Die Stadt hatte dem MSV eine Bürgschaft über 500.000 Mark gewährt, und seit dem Januar des Vorjahres hießen die Meidericher offiziell MSV Duisburg.

Der echte erste Spitzenreiter

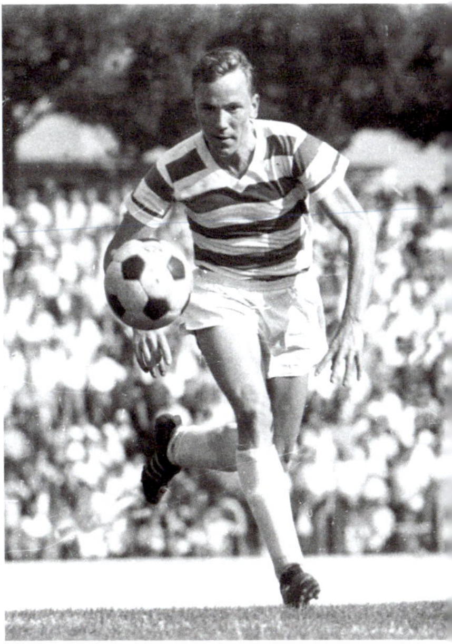

Zweifacher Torschütze beim 4:1-Sieg gegen Karlsruhe: Werner Krämer

Der MSV war der erste Tabellenführer in der Geschichte der Fußball-Bundesliga – wenn die Tabelle nach heutigen Kriterien ausgerechnet worden wäre. Nach dem ersten Bundesliga-Spieltag teilten sich der 1. FC Köln und Schalke 04 mit jeweils einem Sieg, 2:0 Toren und 2:0 Punkten den ersten Platz der Tabelle. Auf dem nächsten Rang folgte der Meidericher SV. Die Zebras hatten Karlsruhe auswärts geschlagen und damit ebenfalls einen Sieg und 2:0 Punkte und zudem 4:1 Tore vorzuweisen. 4:1 Tore?! Dann muss doch Duisburg vorne liegen, grübelt der moderne Fußball-Fan.

Tatsächlich – aus heutiger Sicht wären die Zebras der erste Spitzenreiter überhaupt gewesen. Doch ganz am Anfang des deutschen Profifußballs galt bei Punktgleichheit der Torquotient und nicht wie heute die Tordifferenz. Um den Torquotienten zu bilden, wurden die erzielten Tore durch die Zahl der Gegentore dividiert. Da man nicht durch Null teilen kann, wurde sowohl für Köln als auch für Schalke nach dem ersten Spieltag ein „unendlicher“ Torquotient ermittelt (2:0), der – bei dieser Rechenweise – natürlich mehr wert ist als ein Torquotient von vier (4:1). Heute würde anders gerechnet: Die Tordifferenz bei Schalke und Köln beträgt zwei (2-0), bei Duisburg drei (4-1). Na, wer also war erster Spitzenreiter der Bundesliga? Eben!

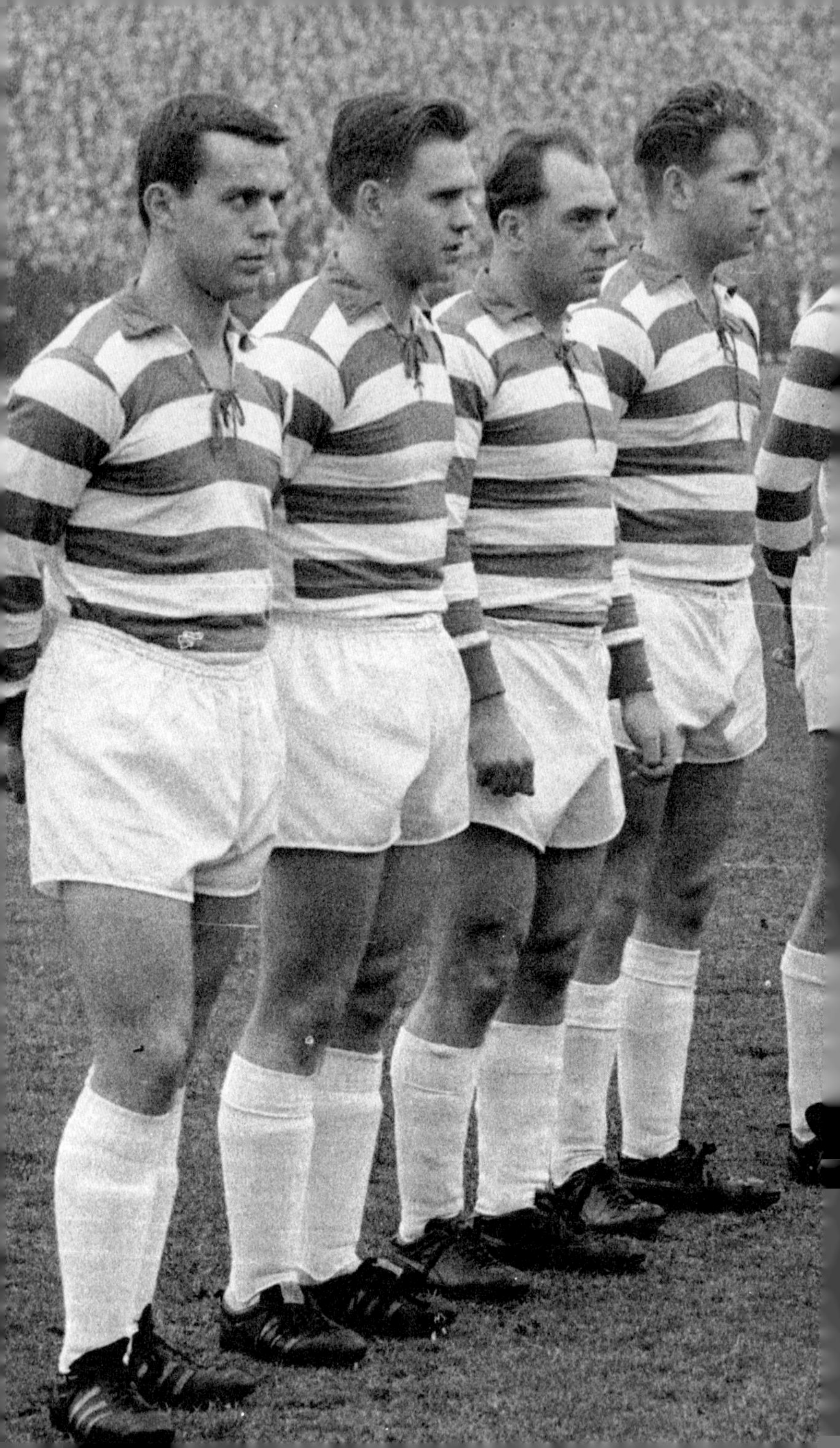

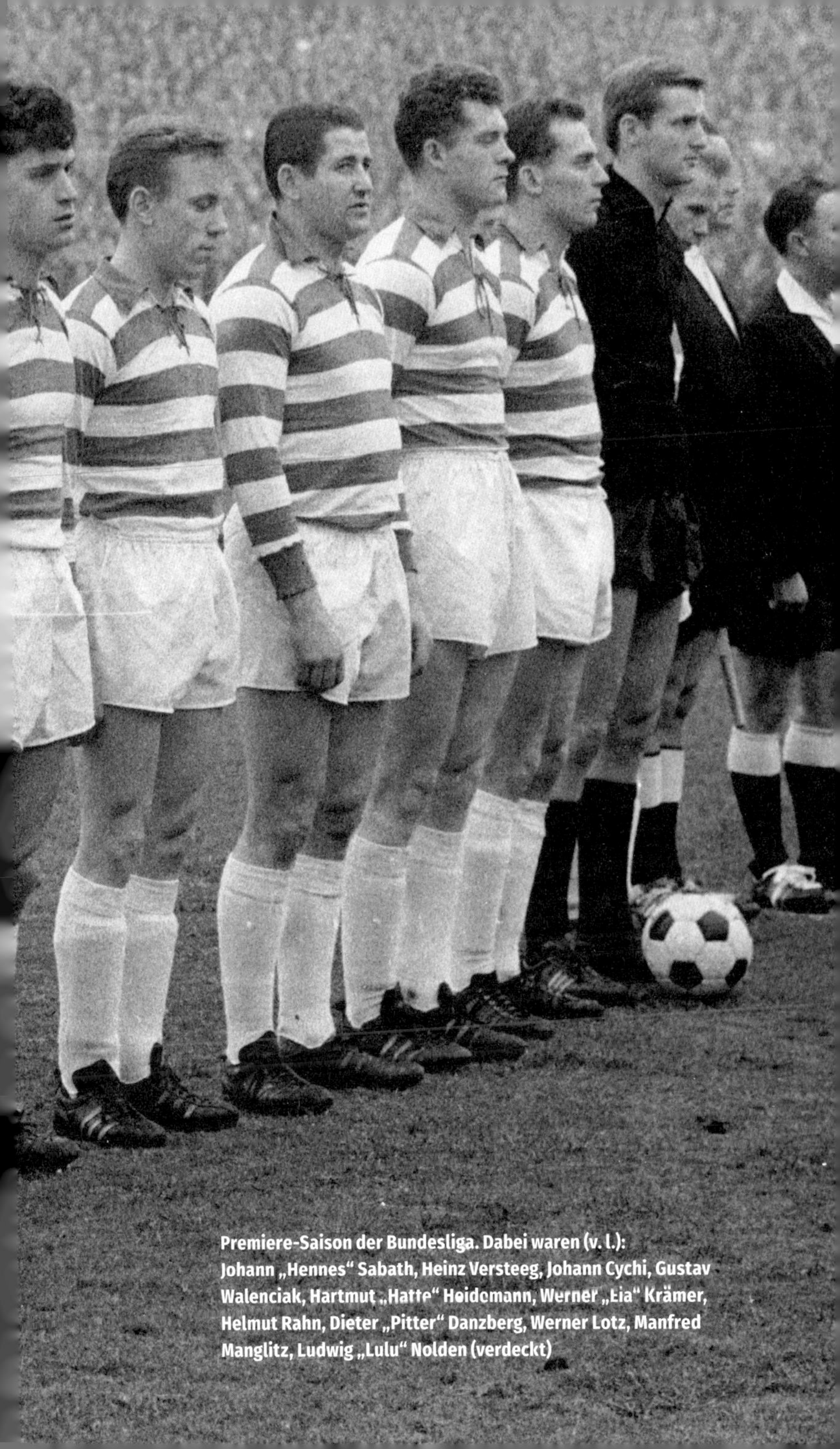

Premiere-Saison der Bundesliga. Dabei waren (v. l.): Johann „Hennes“ Sabath, Heinz Versteeg, Johann Cychi, Gustav Walenciak, Hartmut „Hatte“ Heidemann, Werner „Eia“ Krämer, Helmut Rahn, Dieter „Pitter“ Danzberg, Werner Lotz, Manfred Manglitz, Ludwig „Lulu“ Nolden (verdeckt)

Torhungrig und ihrer Zeit voraus

In der Rückrunde der ersten Bundesligasaison besiegte der MSV am 29. Februar den FC Schalke 04 mit 3:0. Die Zebras festigten mit diesem Sieg ihren zweiten Tabellenplatz. Weder Sieg noch Platzierung beeindruckten den TV-Sportreporter aber besonders. Sein Kommentar im Spielbericht: „Die Zebra-Elf des Meidericher SV stellte ihr bewährtes Bundesliga-Patent im Spiel gegen Schalke erneut auf die Probe. Das Patent ist bescheiden. Es heißt geschlossen verteidigen und stürmen."

Was nicht nur von diesem Sportreporter als bescheiden bewertet wurde, bildet eine der taktischen Grundlagen des Fußballs heute. Rudi Gutendorf und der Meidericher SV waren ihrer Zeit so sehr voraus, dass bis in die jüngste Vergangenheit über den Vizemeister-Erfolg vor allem als Mauerfußball gesprochen wurde. Dabei gehörte der MSV zu den sechs Mannschaften jener Saison, die die meisten Tore erzielten. Nur der 1. FC Köln als Deutscher Meister schoss mit 78 Toren deutlich mehr als die sechs Verfolger samt MSV und seinem 60-Tore-Endstand. Für alle Mannschaften unterhalb Platz 7 waren allenfalls um die 50 Tore zu verzeichnen. Der Fußball des MSV jener Saison war also alles andere als ein Mauerfußball.

Heinz van Haaren

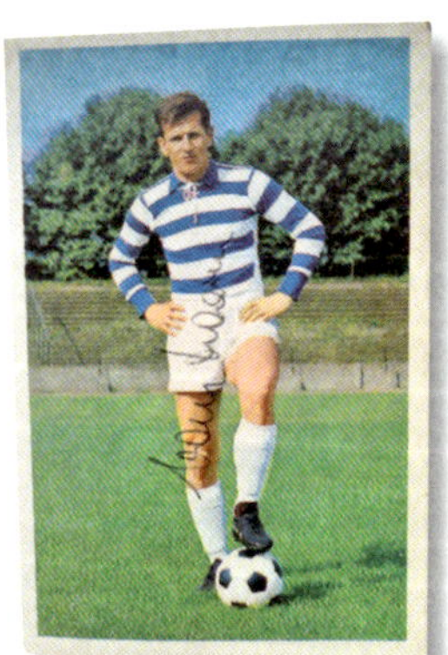

Manfred Manglitz

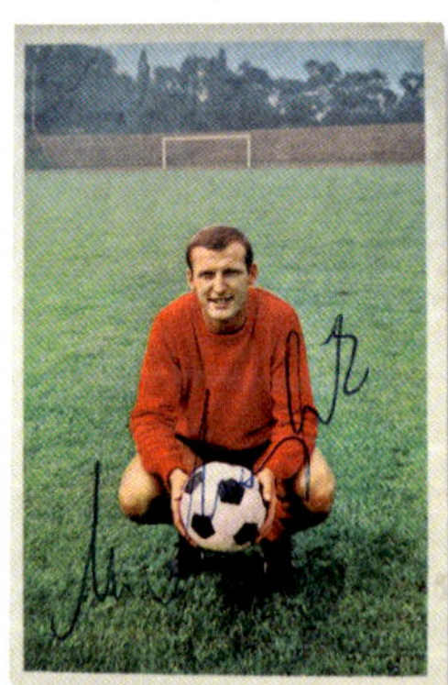

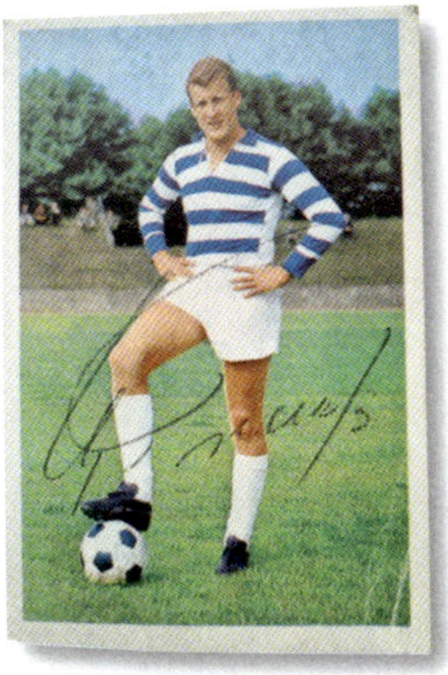

Günter Preuß

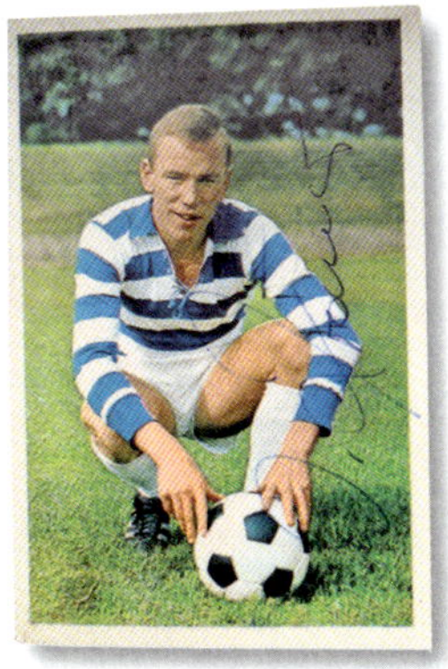

Werner „Eia“ Krämer

Zum einen machten die damaligen Erwartungen an ein Fußballspiel blind für die Gesamtleistung der Zebras. Stürmer hatten vorne zu bleiben, Verteidiger hinten, ein Mittelfelddirigent machte das Spiel. Zum anderen war der MSV als Abstiegskandidat gehandelt worden. Entsprechend wurde die besondere Innovation oft als notdürftige Abhilfe für die nicht vorhandene Konkurrenzfähigkeit abgetan.

Die Zebras waren erfolgreich dank einer bis dahin in Deutschland nicht bekannten Taktik, die Trainer Rudi Gutendorf spielen ließ. Als Spielertrainer beim FC Luzern hatte er den „Schweizer Riegel“ des Österreichers Karl Rappan kennengelernt. In Duisburg entwickelte er ihn weiter. Es war neu, dass Stürmer sich für Defensivaufgaben weit zurückfallen ließen. Es war neu, dass ein Innenverteidiger hinter die Defensivreihe rückte und als freier Mann zum „Ausputzer“ wurde. Es war neu, dass die Außenverteidiger bis an die gegnerische Grundlinie stürmten, um zu flanken. Das sahen nicht alle gern. Es sei denn, man war Anhänger des Meidericher SV oder Ausbilder an der Trainerakademie des DFB. Das bescheidene Mittel des MSV machte Trainerlegende Hennes Weisweiler zum Lehrinhalt der DFB-Trainerlehrgänge. Doch selbst die MSV Funktionäre hatten von der Taktik schon bald genug. Legendär wurde ein Streit in der Folgesaison zwischen dem Präsidenten in spe Wilhelm Tiefenbach und dem Trainer nach mehreren Niederlagen. Die Entlassung Gutendorfs war nur noch eine Frage der Zeit.

Auf den Punkt

Der Treffsichere: Beim Elfmeterschießen machte ihm keiner was vor. Ludwig „Lulu" Nolden verwandelte jeden Elfer, zu dem er antrat. Insgesamt 15 Stück. Seinen ersten Elfmeter schoss er am 23. November 1963 gegen Borussia Dortmund (3:3), seinen letzten am 5. November 1966, ebenfalls gegen den BVB (1:5). In der ewigen Liste der Elfmeterkönige der Bundesliga thront Nolden damit auf dem zweiten Platz. Nur Hans-Joachim Abel hat noch einen mehr auf dem Konto.

Der Erste: Am 3. Juni 1967 wurde an der Wedau Geschichte geschrieben. In der Partie gegen Borussia Mönchengladbach verwandelte MSV-Keeper Manfred „Cassius" Manglitz in der 87. Minute einen Elfmeter und traf zum 1:3 für den MSV. Manglitz war damit der erste Torhüter, der in der Bundesliga ein Tor erzielte. Inzwischen gesellt sich als Torschütze, doch ohne Elfmeter, beim MSV Mark Flekken hinzu, dem 2016 mit einem Hackentrick das 1:1 beim VfL Osnabrück gelang – und natürlich Thomas Gill.

Der Finale: „Schauen Sie in die Augen von Gill!", sagt ZDF-Reporter Töpperwien, der am 18. Februar 1998 live das DFB-Pokal-Halbfinale zwischen Eintracht Trier und dem MSV kommentiert. Nach der Verlängerung steht es 1:1, es folgt ein historisches Elfmeterschießen, bei dem irgendwann auch die Ersatzspieler und Torhüter ran müssen. Ein unglaubliches Nervenspiel! Am Ende trifft Thomas Gill gegen Triers Keeper Daniel Ischdonat. Es ist vollbracht: Der MSV hat sich mit 10:9 Elfmetern ins Finale geschossen. An die „Augen von Gill" kann sich seitdem wohl nicht nur Rolf Töpperwien erinnern, sondern jeder, der dabei war.

Der Doppelte: Gleich zwei Elfer binnen fünf Minuten parierte MSV-Keeper Felix Wiedwald im Februar 2019 beim Auswärtsspiel des MSV in Fürth. Wiedwald hielt zwei Strafstöße des Fürthers Daniel

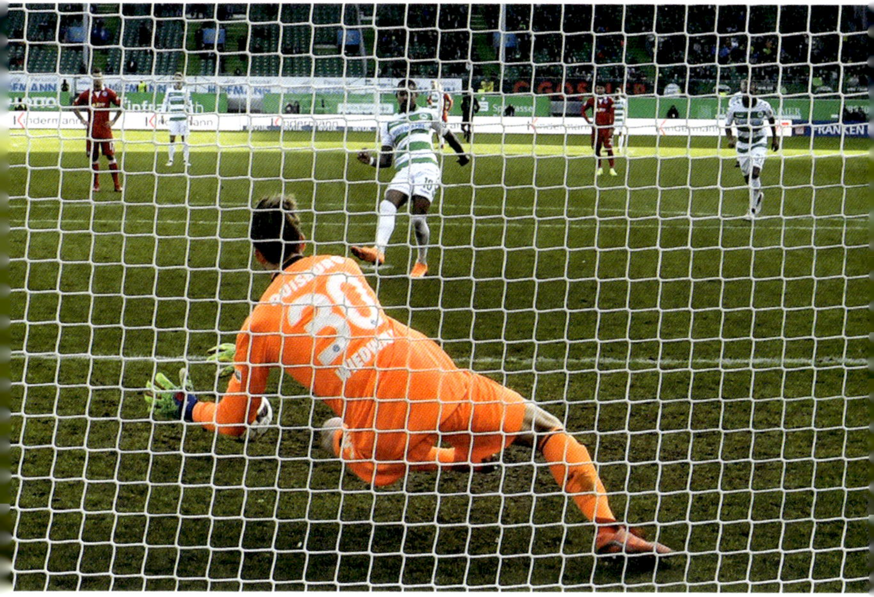

Der doppelte Elfmeter-Killer Felix Wiedwald im Einsatz

Keita-Ruel (86./90.+1). Der MSV verlor am Ende trotzdem 0:1. Doch Wiedwald ging nach Benny Kirsten (Dynamo Dresden) als zweiter Elfmeter-Doppelkiller in die Geschichte der 2. Bundesliga ein.

Der Letzte: Im Drittliga-Heimspiel gegen Mannheim im April 2021 entschied Schiri Bokop in der 90. Minute auf Foul. Elfmeter für Mannheim! Und das beim Stand von 1:1. MSV-Keeper Leo Weinkauf spürte, jetzt lag alles an ihm. Der Schuss des Mannheimers Rafael Garcia kam – und Leo Weinkauf parierte nicht nur ihn, sondern auch den Nachschuss. Draußen auf dem Arena-Parkplatz hupten die MSV-Fans wie verrückt. Sie wussten: Weinkauf hatte seinen Zebras einen wichtigen Punkt im Abstiegskampf gerettet. Weinkauf selbst klärte später auf, Torwarttrainer Sven Beuckert hätte ihm vor dem Spiel den entscheidenden Tipp zu Garcias Spielweise gegeben.

Die Pokalendspielpremiere 1966

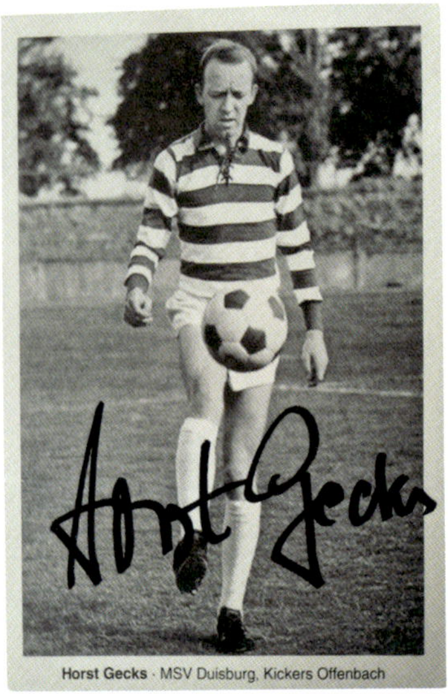

Horst Gecks

Im DFB-Pokal 1965/66 führte den MSV unter Trainer Hermann Eppenhoff eine Serie von Heimsiegen ins Finale. Kurioserweise hatten die Zebras sowohl vor dem 2:0 gegen den VfB Stuttgart in der 1. Hauptrunde als auch vor dem mühsamen 1:0 gegen den Karlsruher SC im Viertelfinale am Bundesligaspieltag zuvor jeweils gegen denselben Gegner viel deutlicher gewonnen. Im Achtelfinale jagte der MSV den FC Schalke 04 mit einem 6:0 aus dem Stadion. Im Halbfinale gegen den 1. FC Kaiserslautern setzten sich die Zebras spät mit 4:3 durch.

Auch wenn der Pokalwettbewerb noch nicht die heutige Strahlkraft besaß, war für den MSV das Finale gegen den offensivstarken FC Bayern München mit den jungen Beckenbauer, Maier und Müller die große Chance, endlich einen DFB-Titel zu erringen. Einen Favoriten gab es nicht. In der ersten Halbzeit erspielten sich die Zebras Vorteile. Doch Rüdiger Mielkes Führungstor glich der FCB drei Minuten später aus.

Nach der Pause kamen die Bayern besser aus der Kabine und gingen in Führung. Zwei strittige Elfmeter auf beiden Seiten wurden verwandelt. Hartmut Heidemann traf für den MSV. Franz Beckerbauers Tor stellte den 4:2-Endstand her. Nach dem Spiel erfuhr zumindest „Pille“ Gecks sofort tröstende Ablenkung mit der Nachricht, er sei gerade Vater geworden.

Im Schnitt pro Spiel ein Tor

Wer ist der Spieler mit der besten Torquote der Bundesliga? Kein Robert Lewandowski, kein Erling Haaland und auch kein Gerd Müller kann mit Rüdiger Mielke mithalten, der im Schnitt pro Bundesligaspiel ein Tor erzielte. Allerdings waren es nur 15 Spiele von 1964 bis zu seiner schweren Knieverletzung im Sommer 1966. Danach kam er nicht mehr richtig in Tritt und konzentrierte sich auf seinen Beruf.

Seit der D-Jugend hatte er beim MSV gespielt. Ab der Saison 1964/65 gehörte er zum Bundesligakader. Nach ersten Einsätzen warfen ihn Verletzungen zurück, bis er zum Ende der folgenden Saison Stammspieler wurde. Vier Tore steuerte er zum höchsten Auswärtssieg der Bundesligageschichte bei, dem 9:0-Sieg des MSV bei Tasmania Berlin. Sein letztes Spiel im Zebratrikot machte er im Pokalfinale gegen Bayern München, in dem er die 1:0-Führung erzielte. Nach der Leistung dort lud ihn Bundestrainer Helmut Schön sogar zum Nationalmannschaftslehrgang ein. Zu einem Länderspieleinsatz kam es dann nicht mehr.

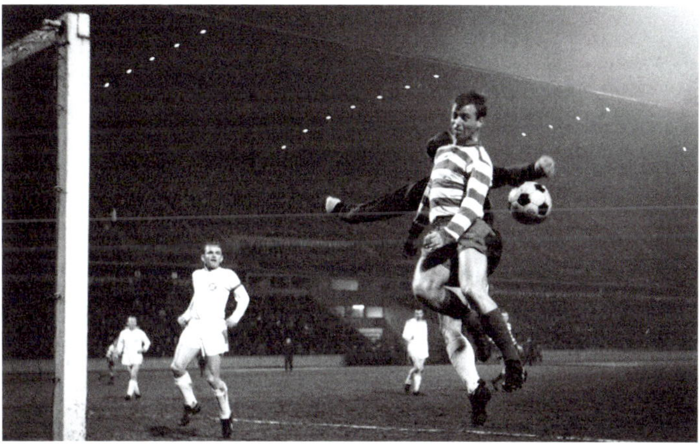

Im April 1966 blieb Rüdiger Mielke beim 8:2-Sieg gegen den Karlsruher SC zwar torlos, bereitete aber zwei Treffer vor.

AHA!

Rund um den Karton

Eine Premiere erlebten die Zuschauer am 14. September 1963 im Wedaustadion. Auf dem Rasen lief das Spiel Meidericher SV gegen Hertha BSC (1:3). In der 77. Minute schlug Helmut Rahn nach einem an ihm begangenen Foul nicht nur die zur Versöhnung ausgestreckte Hand seines Gegenspielers Harald Beyer aus, sondern traf den Berliner auch noch mit einer ungestümen Kopfbewegung im Gesicht. Keine Diskussion: Der Schiedsrichter aus Ludwigshafen schickte den „Boss" frühzeitig unter die Dusche. Es war **der erste Platzverweis der noch jungen Bundesliga**. Rote Karten gab es damals noch nicht. Sie wurden erst nach der WM 1970 in Deutschland eingeführt.

Die erste Gelbe Karte der Bundesliga kassierte ebenfalls ein Meidericher: Am 12. Januar 1971 war diese Art der Verwarnung vom DFB-Spielausschuss „zunächst probeweise für eine halbe Saison" eingeführt worden. Nur acht Tage später sah Hannes Linßen beim 2:0-Sieg seines MSV in Oberhausen als erster Bundesliga-Kicker den gelben Karton. Tatsächlich hatte Linßen die Karte aber wohl nicht verdient. So hieß es im Jahrbuch der Saison 1970/71, das der DFB herausgab: „Hannes Linßen war ohnehin die prägende Figur dieses Spiels, aber in einer Szene kam er in die Geschichtsbücher. Ursprung war ein Foul Krauthausens an Djordje Pavlic, das den Duisburger so aus der Fassung brachte, dass er lautstark bei Schiedsrichter Bonacker protestierte. Der wiederum schaute nicht richtig hin und verwechselte Pavlic mit Linßen, in dessen verdutztes Gesicht er die erste Gelbe Karte der Ligageschichte hielt.

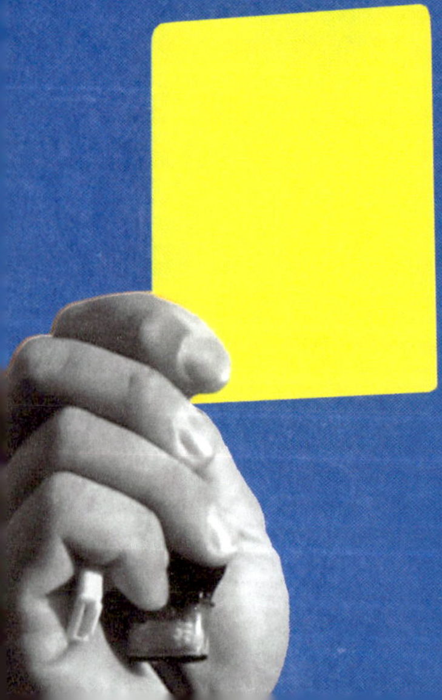

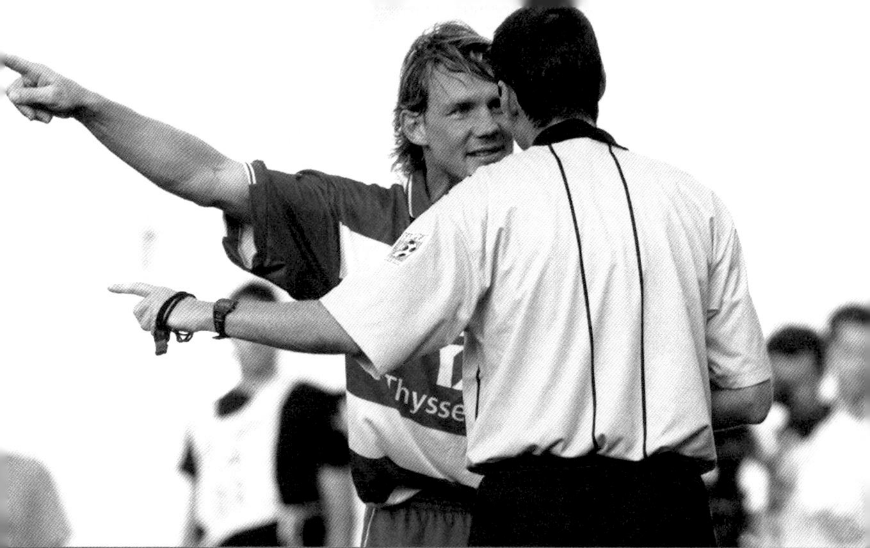

Immer für eine Verwarnung gut: Torsten Wohlert

Der Sünder trug es mit Fassung, denn ansonsten durchlebte Duisburg einen ruhigen und beschwerdefreien Nachmittag; für eine halbe Stunde Arbeit kassierten die Zebras zwei komplette Bundesligapunkte."

In puncto Gelber Karten stellte auch ein anderer MSV-Spieler einen Bundesliga-Rekord auf: In der Bundesliga-Spielzeit 1998/99 wurde Tomasz Hajto 16 Mal verwarnt. Der polnische Innenverteidiger, der von 1997 bis 2000 beim MSV spielte, erhielt damit **die meisten Gelben Karten innerhalb einer Saison**. 20 Jahre lang hielt Hajto den Rekord, erst am 13. Juni 2020 zog der Paderborner Klaus Gjasula an dem Ex-Zebra vorbei.

Die absolut **meisten Karten aller MSV-Kicker** sah übrigens Torsten Wohlert: Der Abwehrrecke kassierte laut fußballdaten.de für den MSV 81 Mal Gelb, zwei Mal Gelb-Rot und drei Mal Rot. Auf dem zweiten Platz steht Stefan Emmerling mit 39 Gelben, zweimal Gelb-Rot und ebenfalls drei Roten Karten. Zum Vergleich: Horst Gecks, Hartmut Heidemann oder Djordje Pavlic sahen in ihrer aktiven Zeit beim MSV **keine einzige Karte**.

Die Etikette sollte stimmen

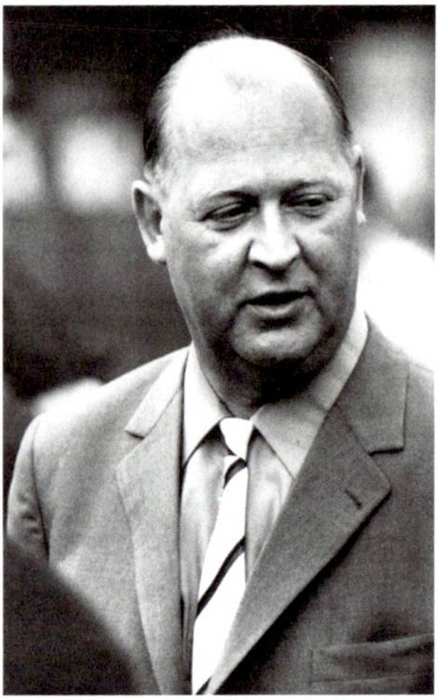

Von 1965 bis 1970 war Dr. Wilhelm Tiefenbach Vereinspräsident.

Das Geltungsbedürfnis von MSV-Vorsitzenden spielte nicht nur in jüngster Vergangenheit eine Rolle. Schon 1969 beschäftigte den damaligen Vorsitzenden Wilhelm Tiefenbach, wie er oder das Amt wahrgenommen werden. Der MSV befand sich in dem Jahr in Mosambik zu Freundschaftsspielen gegen den portugiesischen Meister FC Porto und gegen eine Landes-Auswahl. Beide Spiele endeten 1:1.

Was heute wie eine ungewöhnliche Auslandstour wirkt, war eine Reise in ein unbefriedetes Gebiet. In der portugiesischen Überseeprovinz Mosambik strebte die indigene Bevölkerung nach Unabhängigkeit. Guerillatruppen kämpften seit 1964 in Teilen der Provinz, doch die Delegation des MSV bekam davon nichts mit. Der Fußball schuf Normalität, nicht zuletzt durch ein Bankett zu Ehren der deutschen Gäste, bei dem auch der portugiesische Sportminister anwesend war. Wilhelm Tiefenbach sah sich zu seiner Überraschung an der Festtafel weit entfernt von ihm platziert. Er muss versucht haben, dem Geschehen mit Humor zu begegnen, konnte aber seine Irritation nicht verbergen. Schon bald wurde er umgesetzt.

In Deutschland hatte das Erlebnis ein Nachspiel. Wilhelm Tiefenbach schlug eine Änderung der Vereinssatzung vor. Der Vorsitzende bekam den Präsidenten-Titel, damit bei internationalen Kontakten des MSV niemand mehr die höchste Position im Verein verkannte.

Dabei sein ist nicht alles

Eingegangen ins kollektive Gedächtnis Deutschlands ist die 0:1-Niederlage der BRD gegen die DDR bei der WM 1974. Doch zwei Jahre zuvor hatte es beim Fußballturnier der Olympischen Spiele in München am 8. September das erste deutsch-deutsche Länderspiel gegeben mit drei Spielern des MSV. Klaus Wunder spielte von Anpfiff an und erzielte sogar ein Tor, allerdings per Hand. Maradonnas spätere „Hand Gottes" hätte eine Wunder-Hand „freiheitlich-demokratischer Grundwerte" zum Vorbild gehabt. Der Pfiff des Schiedsrichters verhinderte das.

In der zweiten Halbzeit wurde in der 59. Minute Ronald Worm für Klaus Wunder eingewechselt. Bis zur 68. Minute lag die Olympiaauswahl zurück. Um weiterzukommen, hätte die BRD gewinnen müssen. Dann erzielte Ottmar Hitzfeld den Ausgleich. Der Trainer war Jupp Derwall, und für die letzte Viertelstunde verstärkte er die Offensive mit Rudi Seliger. Doch kein Siegtor folgte, sondern das Treffer der DDR zum 3:2.

Zwei weitere Duisburger standen auf dem Rasen. Der Defensivspieler von Eintracht Braunschweig Friedhelm Haebermann war aus der Jugend des VfvB Ruhrort/Laar kommend zum damaligen Regionalligisten Eintracht Duisburg gewechselt, wo er 1969 den DFB-Trainern auffiel. Der Mittelfeldspieler Reiner Hollmann spielte bei der Eintracht schon in der Jugend und wechselte 1970 zum Bundesligisten Rot-Weiß-Oberhausen.

Beim Olympischen Fußballturnier 1972 ging auch dieser Schuss von Klaus Wunder im Spiel gegen Ungarn am Tor vorbei. Die BRD verlor 4:1.

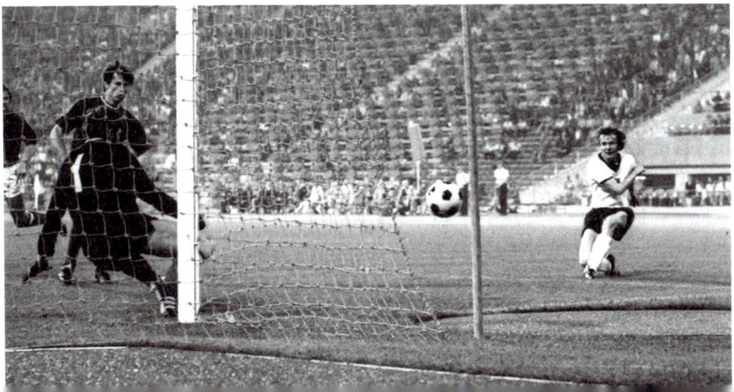

Rekordverdächtig

Am 29. Spieltag der Saison 1967/1968 gewann der MSV Duisburg mit 7:0 gegen den 1. FC Kaiserslautern. Diesen bis heute **höchsten Bundesliga-Heimsieg** der Meidericher haben viele noch in Erinnerung, ebenso die **höchste Heimniederlage** in der Bundesliga, als der MSV in der Saison 1993/94 mit 1:7 unterging – ebenfalls gegen Kaiserslautern.

So blieb der MSV, der in der Saison 1993/94 gerade erst in die Bundesliga aufgestiegen war, in den ersten zehn Spielen **ohne Niederlage**. Die Neulinge aus Duisburg stellten damit einen **Bundesliga-Rekord** auf, den sie erst in der Saison 2016/17 an den damaligen Aufsteiger RB Leipzig abgeben mussten.

Zu den größten Erfolgen des MSV Duisburg zählen vier Final-Teilnahmen im DFB-Pokal. Leider siegten die Zebras kein einziges Mal. Der MSV ist damit von allen Finalisten, die ohne Pokal wieder nach Hause fahren mussten, derjenige, der **am häufigsten im Endspiel** stand.

Der MSV war auch bei der bis heute **kurzfristigsten Absage einer Bundesligapartie** zugegen. Wie das Magazin „11 Freunde" berichtet, sollten die Zebras am 13. August 1977 bei Borussia Dortmund auflaufen. In den Stunden vor dem Match regnete es im Ruhrgebiet aber in Strömen. Der Rasen im Westfalenstadion war arg lädiert. Die Dortmunder drängten deswegen auf eine Absage des Spiels. Doch Schiedsrichter Jürgen Walther wollte abwarten, und die beiden Trainer Otto Rehhagel und Otto Knefler ließen ihn gewähren. Um 14.40 Uhr entschloss Walther, dass das Spiel angepfiffen werden solle. Prompt gab es die nächsten Regengüsse. Beim Einlaufen mussten die Spieler durch tiefe Pfützen waten. Schließlich hatte Walther ein Einsehen und sagte das Spiel doch ab – drei Minuten vor Anpfiff. 40.000 Fans mussten den Heimweg antreten, ohne einen einzigen Angriff gesehen zu haben. Das Spiel wurde im September nachgeholt, Duisburg unterlag mit 1:2.

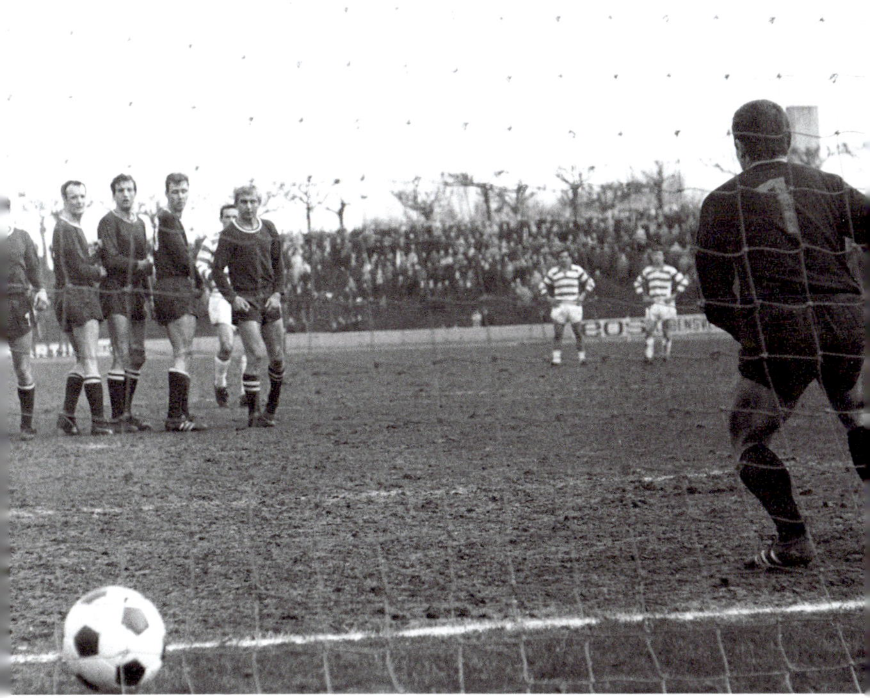

Ob die hohe Niederlage für den Kaiserslauterner Spieler Gerhard Kentschke (in der Mauer, r.) mit ein Grund war, 1970 zum siegreichen MSV zu wechseln?

Am 26. März 1966 gelang dem MSV der **höchste Auswärtssieg in der Vereinsgeschichte**. Bei Tasmania Berlin gewannen die Duisburger mit 9:0. Bis heute hat keine deutsche Mannschaft in der Bundesliga auswärts höher gewonnen. Im internationalen Vergleich sieht es anders aus: Im Jahre 2016 gewann Paris St. Germain in der Ligue 1 ebenfalls mit 9:0 bei ESTAC Troyes, in der englischen Premier League schenkte Leicester City 2019 dem wehrlosen FC Southampton ebenfalls neun Treffer ein. Die Zebras stehen aber in der Rangliste der höchsten Auswärtssiege in Europas Top-Fußball-Ligen vor dem FC Barcelona, der 2016 bei Deportivo La Coruña „nur" auf ein 8:0 kam.

Römischer Nachthimmel

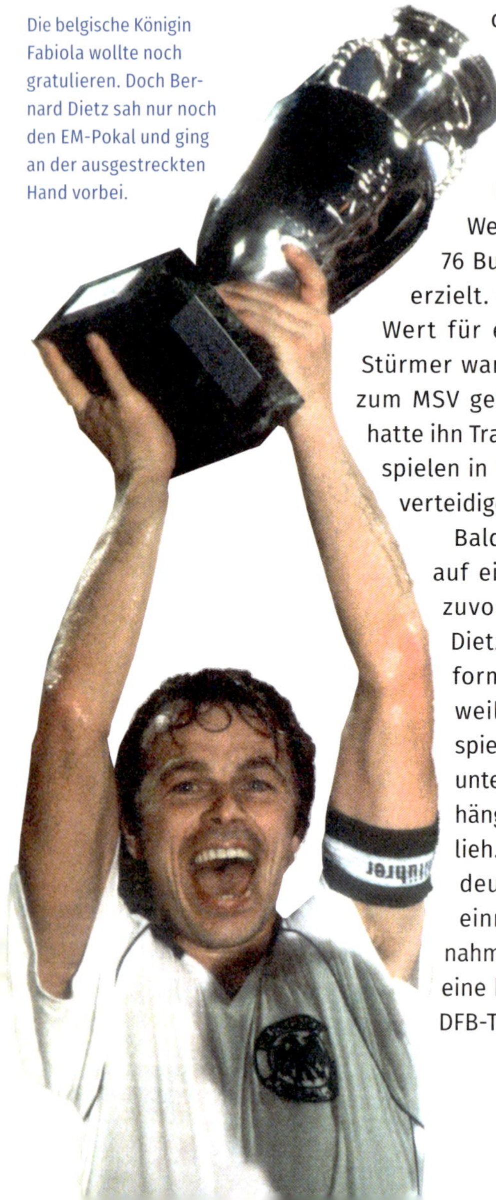

Die belgische Königin Fabiola wollte noch gratulieren. Doch Bernard Dietz sah nur noch den EM-Pokal und ging an der ausgestreckten Hand vorbei.

Knapp zehn Jahre nach seinem ersten Bundesligaspiel in Bremen für den MSV im September 1970 hob Bernard Dietz als Spielführer der deutschen Nationalmannschaft den EM-Pokal in den Nachthimmel Roms. Schon gegen Werder hatte er sein erstes von 76 Bundesligatoren für den MSV erzielt. Ein bis heute unerreichter Wert für einen Defensivspieler. Als Stürmer war er vom SV Bockum-Hövel zum MSV gekommen. Im Sommer 1972 hatte ihn Trainer Rudi Faßnacht bei Testspielen in England erstmals als Linksverteidiger eingesetzt.

Bald schon prägte er den MSV auf eine Weise wie kein Spieler zuvor und danach mehr. „MSV Dietzburg“ wurde zur Lieblingsformel der Journalisten. Auch weil sein Erfolg als Nationalspieler einer Mannschaft aus der unteren Tabellenregion ihren Anhängern und der Stadt Glanz verlieh. Sonst interessierte sich die deutsche Öffentlichkeit kaum einmal für den MSV. Nun aber nahm ein Spieler der Zebras sogar eine hervorgehobene Rolle beim DFB-Team ein.

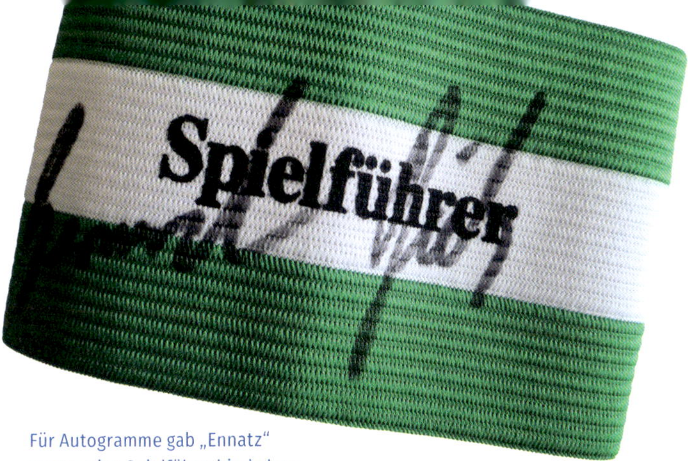

Für Autogramme gab „Ennatz“ sogar seine Spielführerbinde her.

Dabei hatte es nach seinem Länderspieldebüt im Dezember 1974 in Malta nach dem üblichen Fremdeln zwischen DFB-Trainern und MSV-Spielern ausgesehen. Die Nationalmannschaftskarrieren von Bella, Krämer und Co blieben kurz. Bei den Zebras wirkte es meist so, als ob beim Pröbchenangebot an der Bundesligakasse die Vereinsverpackung doch zu unattraktiv war.

Für die nächsten fünf Länderspiele berief ihn Bundestrainer Helmut Schön nicht mehr ins Aufgebot. Doch als Manfred Kaltz sich das Wadenbein brach, war Bernard Dietz wieder gefragt und blieb fortan für insgesamt 53 Länderspiele. Bei der EM 1976 war er ebenso dabei wie bei der WM 1978 in Argentinien. Danach im Dezember wurde er beim ersten Spiel unter dem neuen Bundestrainer Jupp Derwall gegen die Niederlande Mannschaftskapitän. Bis 1981 gelang während seiner Zeit eine Serie von 23 Spielen ohne Niederlage, ebenfalls bis heute nicht mehr erreicht. Unverständlicherweise ist er vom DFB immer noch nicht zum Ehrenspielführer ernannt worden.

Junge Spieler konnten auf seine Unterstützung zählen. So bemerkte er die Ungeduld von Lothar Matthäus, als der beim zweiten Gruppenspiel der EM 1980 gegen die Niederlande auf seinen ersten Länderspieleinsatz wartete. Deutschland führte 3:0. Doch Jupp Derwall wechselte nicht. Schließlich signalisierte Bernard Dietz mit einem Griff an die Wade den Wunsch nach Auswechslung, und Lothar Matthäus war dran.

AHA!

Keine Schwalbe, dennoch Schauspiel

Der 1973 ausgestrahlte TV-Film „Smog“ von Wolfgang Menge zeigt als Katastrophenthriller die Folgen der Luftverschmutzung im Ruhrgebiet. Menschen sterben, Verantwortliche sind überfordert, niemand im Ruhrgebiet kann der Gefahr der lebensbedrohlichen Luft entgehen. Dennoch geht das Leben weiter.

Sogar Bundesligafußball findet in dieser fiktiven Wirklichkeit statt. Im Wedaustadion spielt der MSV gegen Borussia Dortmund. Im vollen Stadion sind die Spieler in der nebligen Flutlicht-Luft noch halbwegs zu erkennen. Plötzlich sinkt am rechten Flügel ein Spieler der Zebras zu Boden. Er greift sich an den Hals und hat offensichtlich Atemnot.

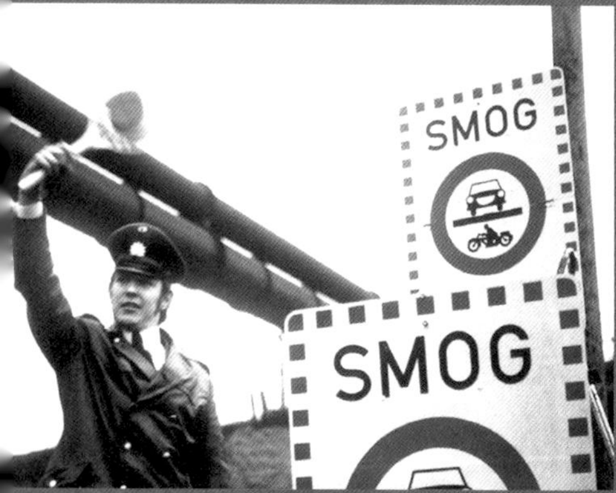

Bernard Dietz zeigte damals jenes schauspielerische Können, das heute für viele Fußballer die Regel ist. Foulspiel wird aber nicht gepfiffen, sondern es herrscht Entsetzen im Stadion. Eine Trage muss her. Hektisch wird Ennatz in den Katakomben unter der Haupttribüne mit Sauerstoff versorgt.

Das Spiel wird abgebrochen. Auf dem Parkplatz vor dem Stadion herrscht Chaos. Durchsagen der Polizei regeln die Abfahrt und schaffen eine bedrohliche Stimmung. Nur wenige Minuten des gesamten Films macht das Fußballspiel aus. Der Aufwand dieser Filmproduktion beeindruckt. Auch der Fußball im Wedaustadion lässt dessen dokumentarische Wirkung entstehen.

Im Chor

Die deutsche Fußballnationalmannschaft ging 1973 in ein Plattenstudio, um vor der Heim-WM des folgenden Jahres einen Schlager aufzunehmen. Mit dabei der Stürmer des MSV Duisburg, Klaus Wunder. Im Chor mit Beckenbauer, Maier und Co. brummte er „Fußball ist unser Leben", den ersten von insgesamt sechs WM-Songs bis 1994.

Klaus Wunder hatte schon in verschiedenen DFB-Auswahlmannschaften gespielt und am 23. September 1973 seinen ersten Einsatz bei einem A-Länderspiel erlebt. Beim MSV war der schnelle und treffsichere Stürmer seit 1971.

Der Fußballerchor wurde zur singenden Variante des Panini-Albums. Klaus Wunders erstes war auch sein letztes Länderspiel. Bei der WM 1974 war er nicht dabei. Die MSV-Fans hat das wahrscheinlich nicht so betrübt, war er nach Ende der Saison doch für die damalige Rekordablösesumme von 800.000 Mark zum FC Bayern München gewechselt. Erfolgreich wurde er dort nicht.

Vier Jahre später musste einmal mehr Bernard Dietz beweisen, dass Zebras Multi-Talente sein können. Angeleitet durch Udo Jürgens zeigte er sich beim Fußballer-Chorgesang von „Buenos Dias Argentina" textsicher, und bei der WM spielte er außer im Gruppenauftaktspiel gegen Polen in jedem der weiteren fünf Spiele. Erst die legendäre 2:3-Niederlage in Cordoba gegen Österreich bedeutete das Aus.

Klaus Wunder (2. v. r.) bei der Plattenaufnahme mit Gerd Müller, Jupp Kapellmann, Franz Beckenbauer und Sepp Maier (v. l.).

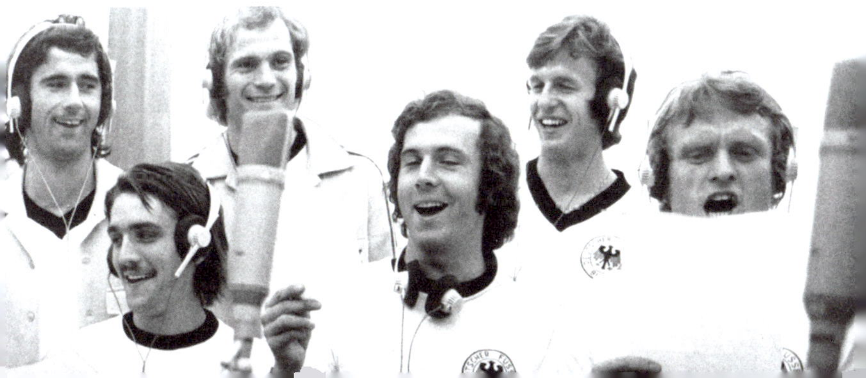

Früher farbig

Auch Fußballschuhe sind heute in der Farbgebung modisch gestylt. Beim MSV ist das kein neues Phänomen. Für das Pokalfinale 1975 gegen Eintracht Frankfurt hatte der Ausrüster des MSV, der Sportartikelhersteller Puma, das Leder der Schuhe rot eingefärbt. Individuelles Auftreten der Fußballer spielte damals weniger eine Rolle als das Werbeinteresse des Unternehmens.

Doch in der Mannschaft war nicht jeder begeistert von den roten Schuhe. Vier Spieler bevorzugten ihr gewohntes schwarz. Michael Bella verspürte sogar ein grundsätzliches Fremdheitsgefühl gegenüber den Puma-Schuhen. Er trug immer schon Adidas-Schuhe und kam damit besser zurecht. Daran änderte auch die vertragliche Verpflichtung zu den Puma-Produkten nichts. Deshalb malte er die weißen Adidas-Streifen schwarz und ein Puma-Logo auf die Schuhe.

Als der frühere Mannschaftskamerad Horst „Pille" Gecks das mitbekam, sprang er zu Hilfe. Er spielte inzwischen bei den Offenbacher Kickers, die im Verein einen Schuster angestellt hatten. Dieser Schuster nähte auf Michael Bellas Adidas-Schuhe als dauerhafte Lösung Ledersignets von Puma. Michael Bella blieb auf diese Weise auch ein Ganzfuß-Tattoo nach dem Pokalspiel erspart. Der starke Regen in der zweiten Halbzeit hatte das Leder der Schuhe aufgeweicht und die Farbe ausgelöst. Rote Füße waren die Folge

Die Schuhe von Dietmar Linders sind bis heute im MSV-Museum zu bestaunen.

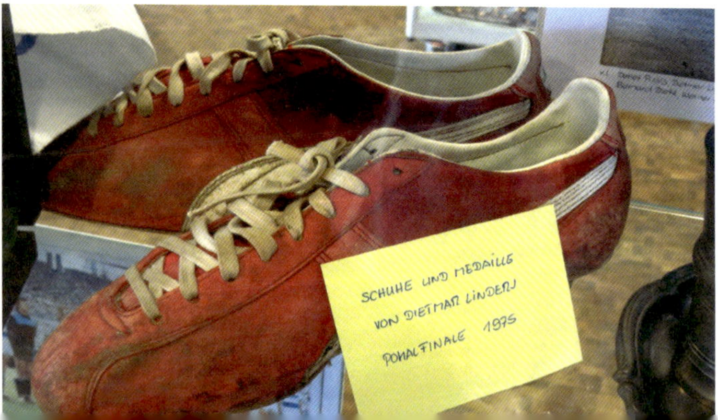

Zum Niederknien

Aufgewärmt hatte sich Klaus Thies 1976 nicht, als er am Rand des Spielfelds niederkniete. Auch kein Trainer hatte ihm diese besondere taktische Anweisung gegeben. Stattdessen war ihm die Skulptur „Die Kniende“ des 1881 in Meiderich geborenen Bildhauers Wilhelm Lehmbruck ein unbewegtes Vorbild. Der Fotograf Gerd Jansen wollte den Fußballer für eine Werbekampagne des Wilhelm-Lehmbruck-Museum porträtieren.

„An der Knienden kommt keiner vorbei“ hieß es, und für das Kampagnenplakat sollten es Duisburger aller Gesellschaftsbereiche der dargestellten Frau gleichtun. Vielleicht erinnerten die glatten, etwas längeren Haare und der eher hagere Körperbau den Fotografen entfernt an das Aussehen der bedeutenden Skulptur. Gerd Jansen bat Klaus Thies als ersten aus dem Spielerkader, im Zebratrikot in ungewöhnlicher Weise sein Bestes zu geben.

Mehr als für das Foto hat sich der Stürmer wegen eines langen Sprints mit Ball in die Vereinsgeschichte eingeschrieben. Im Pokalfinale 1975 gegen Eintracht Frankfurt hatte er nach einem Sololauf über das halbe Spielfeld nur noch Torhüter Günther Wienhold vor sich. Der Schuss aus etwa zwölf Metern ging knapp am rechten Pfosten vorbei. Keine Pausenführung zur Halbzeit. Stattdessen gelang im wolkenbruchartigen Regen Karl-Heinz Körbel der 1:0-Siegtreffer für Frankfurt.

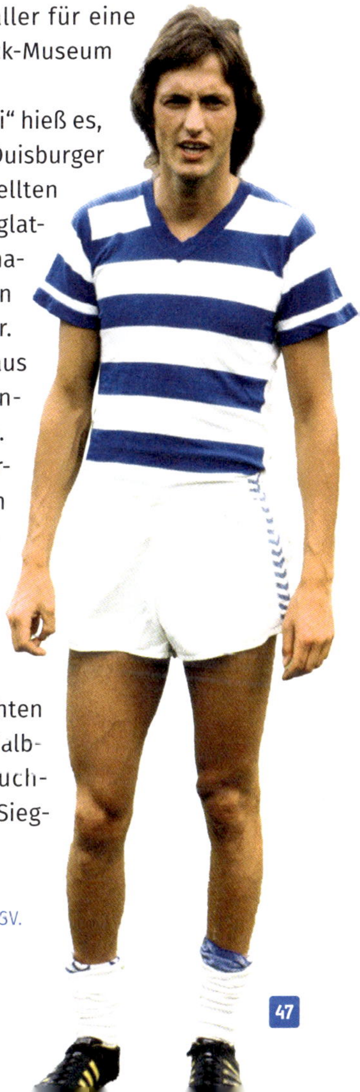

Klaus Thies spielte 1974-77 beim MSV.

Rund ums Spiel

Legendärer Sprecher: Er war die „Stimme der Wedau“, und so mancher Fan hat ihn noch heute im Ohr: Günter Stork, der im Oktober 2008 im Alter von 87 Jahren verstarb, war über die Grenzen Duisburgs bei den Fußballfans bekannt. Seit den 70er Jahren kündigte der gebürtige Hamborner vor jedem Spiel leidenschaftlich „Tempo, Tricks und tolle Tore“ an. Die von ihm vorgetragenen Werbesprüche („Wohin, wohin, zu Sinn“ oder „Musst Du einen Leihwagen haben, dann einfach Feykes fragen“) sind bis heute legendär.

Fahnengebet: Von den 1970er Jahren bis noch in die 90er gab es ein Ritual, das heute nicht mehr denkbar wäre: Vor dem Anpfiff im Wedaustadion kletterten Fans – vorbei an den Ordnern, die nichts unternahmen – über die Zäune, stürmten auf den Platz, und legten am Mittelkreis eine oder mehrere MSV-Fahnen nieder. Dann beschworen sie den Fußballgott und beteten symbolisch für einen Heimsieg, bevor sie in ihren Block zurückkehrten und sich das Spiel anschauten. Zumindest beim Spiel gegen Blau-Weiß 90 Berlin am 16. Juni 1991 half das Ritual: An diesem Tag stiegen die Zebras nach elf Jahren Abstinenz wieder in die Bundesliga auf.

Zebra-Magazin: Im Dezember 1980 erschien nach „Zebra-Fibel“, „MSV-Echo“ und „MSV-Kurier“ das erste Zebra-Magazin. Auf der Titelseite prangte „Ennatz“ Dietz, der „kürzlich einen neuen Dreijahresvertrag unterschrieben“ hatte. Für einen Preis von zwei Mark konnten Fans das Heft erwerben. In der Saison 2009/10 wurde das Zebra-Magazin von Fans und einer professionellen Jury zum besten Stadionmagazin der 2. Bundesliga gewählt. Nach dem Lizenzentzug 2013 wurde das Magazin zunächst für eine Saison als monatlich erscheinendes Magazin weitergeführt und dann aus Kostengründen eingestellt. Bereits zuvor waren nur

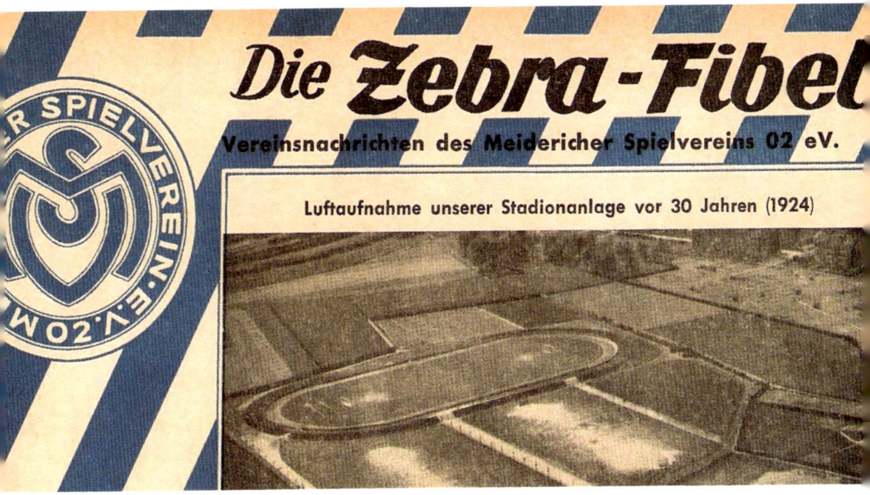

Das Stadionmagazin der 1980er Jahre: Die Zebra-Fibel

noch zwischen 100 und 150 Magazine pro Spieltag verkauft worden. Nachfolger des Magazins wurde der kostenlose Spieltags-Flyer „ZebraStreifen“.

Alte Anzeigetafel: Links ein Ziffernblatt, darunter das Markenzeichen des Schweizer Uhrenherstellers Omega. Rechts eine große schwarze Fläche, auf der – neben den Toren und Zwischenständen – auch allerlei animierte Bildchen zu sehen waren. Unter anderem gab es ein galoppierendes Zebra mit der Überschrift „Auf geht's, Zebras“, außerdem ein durch zwei applaudierende Hände dargestelltes „Rhythmisches Klatschen“. Weil die Animationen oft nicht rund liefen – soweit war die Technik noch nicht – oder einzelne Lämpchen im Display ausfielen, sorgte die Anzeigetafel im Wedaustadion immer wieder für Heiterkeit auf den Rängen. Nach dem Umbau des Stadions zur Arena stand die alte Tafel zunächst hinter der Südtribüne, wurde aber im Jahre 2014 abgebaut und verschrottet.

Lasst die Fünfe gerade sein

Trainer haben im modernen Fußball eine geringe Halbwertzeit. Tatsächlich gab es beim MSV aber bereits vor 45 Jahren eine Saison, in der fünf Trainer antraten: In die Bundesliga-Saison 1977/78 wollte Duisburg eigentlich mit Coach Otto Knefler starten. Doch der fiel kurzfristig aus. Am ersten Spieltag sprang Assistent Rolf Schafstall ein, der aber schon am zweiten Spieltag wieder verschwunden war und neuer Trainer des Karlsruher SC wurde.

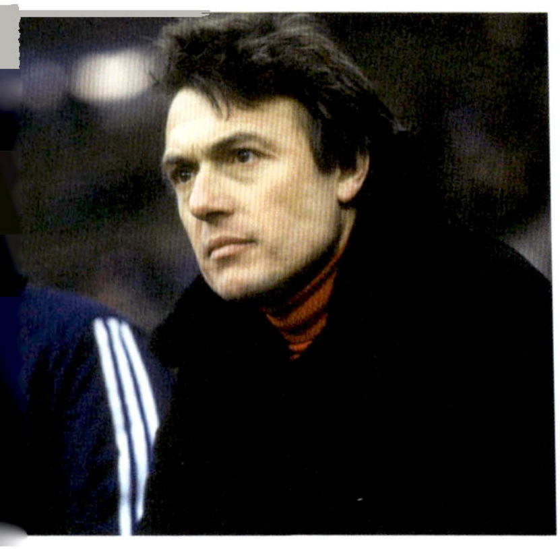

Carl-Heinz Rühl war der fünfte MSV-Coach in einer Saison.

In Duisburg suchte man eine Übergangslösung und fand sie in dem Ex-Schalke-Kicker Herbert Burdenski, der die Zebras bis zum elften Spieltag übernahm. Dann kehrte Knefler zurück, musste wenige Spieltage später aber wieder pausieren. Für eine Partie stand der damalige Jugendtrainer Friedhelm Wenzlaff an der Linie, der schließlich an Carl-Heinz Rühl übergab. Der fünfte MSV-Trainer der Saison sollte zunächst nur etwas Beruhigung in das Durcheinander bringen. Doch unter Rühl zogen die Meidericher in den UEFA-Cup ein.

Der MSV blieb der einzige Bundesligist, der während einer Saison fünf Trainer einsetzte, bis im März 2021 der fünfte Schalke-Coach der laufenden Spielzeit verpflichtet wurde. Mit Pavel Dotchev übernahm beim MSV in der Drittligasaison 2020/21 ebenfalls der fünfte Trainer – nach Torsten Lieberknecht, Gino Lettieri, Marvin Compper und Uwe Schubert, die jeweils mindestens ein Spiel der Zebras leiteten.

POPULÄRER IRRTUM

Rekordmeister der 1970er

Dass der MSV in seiner Vereinsgeschichte keine nennenswerten Titel gewonnen hat, ist ein Gerücht, das sich hartnäckig hält. Fakt ist jedoch: Die Zebras waren die „deutschen Rekordmeister" der 1970er Jahre. Schließlich wurde die A-Jugend (heute: U19) 1972, 1977 und 1978 Meister, so häufig wie kein anderer Verein bis dahin.

Zum ersten Mal gelang der Coup am 2. Juli 1972 gegen den VfB Stuttgart. Die Zebras unter Cheftrainer Willibert Kremer gingen zunächst durch einen von Hans-Jürgen Baake verwandelten Elfmeter in Führung. Dann machte Werner Schneider mit seinem Treffer zum 2:0 alles klar.

Fünf Jahre später, am 23. Juli 1977, traten die Nachwuchszebras mit Cheftrainer Rolf Schafstall im Finale wieder gegen den VfB Stuttgart an. Das erste Tor schoss der VfB, doch Jürgen Ulitzka sorgte mit zwei Treffern dafür, dass der MSV-Nachwuchs zum zweiten Mal als Deutscher Meister vom Platz ging.

Das Triple perfekt machte ein 5:2-Sieg gegen den Berliner Verein FC Hertha 03 Zehlendorf am 16. Juli 1978. Bei dem Finale, das im Essener Uhlenkrugstadion ausgetragen wurde, schoss Pierre Littbarski zwei Tore für die Berliner. Duisburg setzte sich am Ende mit fünf Treffern von Jürgen Ulitzka (2), Peter Kowalzik, Hannes Weecks und Klaus Wuschka durch. Unter Trainer Friedhelm Wenzlaff lief damals mit Franz-Josef „Pino" Steininger ein Zebra auf, das später bei den Profis einmal zu einem ganz Großen werden sollte.

Die A-Junioren des MSV vor dem Finale 1977

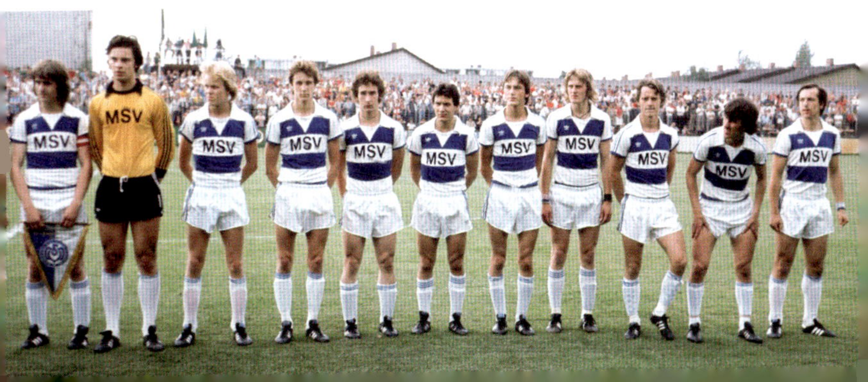

Eisenfüße und Blindschleichen

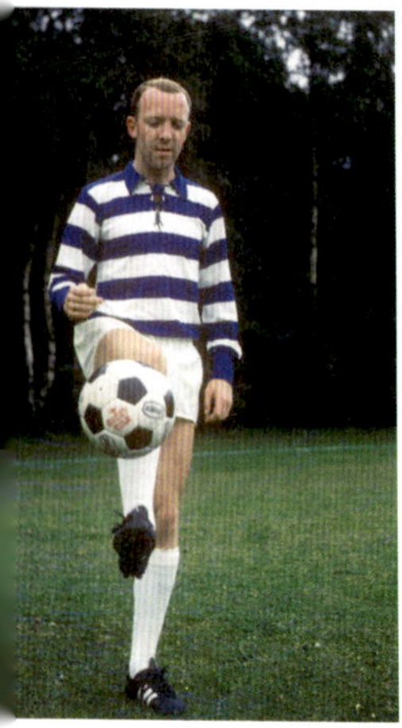

Ein großer Techniker: Horst Gecks

Eia, Pille und Pitter: In der ersten Bundesliga-Saison 1963/64 waren sie dabei: Werner „Eia“ Krämer, Horst „Pille“ Gecks und Dieter „Pitter“ Danzberg gehörten zur Vizemeister-Elf. Während Danzberg noch 2004 in einem Interview erklärte, er „wüsste selber gerne“, warum man ihn in Duisburg nur „Pitter“ rief, scheint der Ursprung von „Eia“ und „Pille“ geklärt: Werner Krämer hatte Schulkameraden, die ihn ärgerten, mit Eiern bewarfen – und bekam prompt das ruhrpottsche „Eia“ verpasst. Horst Gecks wurde „Pille“ gerufen nicht etwa weil er den Ball, die „Pille“, so liebte, sondern weil er einen Gang „wie eine Pille-Ente“ hatte, wie sein Trainer Willi Multhaup meinte.

Eisenfuß: Detlef Pirsig bestritt laut MSV 337 Bundesliga-Spiele von 1966 bis 1977 für die Meidericher. Weil er so ein knallharter Vorstopper war, verdiente er sich den Beinamen „Eisenfuß“. Selbst Gerd Müller soll sich vor ihm gefürchtet haben: Angeblich schrieb der Bayern-Stürmer dem Duisburger Kicker vor einem Match gegen München einen Brief, in dem er Pirsig bat, ihn zu verschonen.

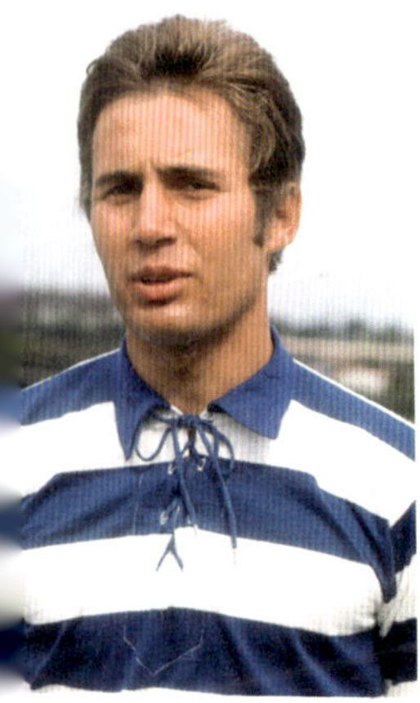

Bei Stürmern unbeliebt: Detlef Pirsig

Hooligan: Wie Maurice Exslager zum „Hooligan“ wurde, ist nicht eindeutig geklärt. Die einen erzählen, dass der Spitzname nach dem Auswärtsspiel gegen den TSV 1860 München entstanden sei, als Fans und MSV-Spieler in einem Flieger gesessen und „nette Lieder“ gesungen hätten. Die anderen sind sicher, den Beinamen „Hooligan“ gebe es gar nicht. Vielmehr hätten die Fans „Exslager Hooligans“ gesungen, um sich selbst als Gruppe zu definieren, die den Kicker bedingungslos unterstützt. Exslager selbst erzählte 2013 in einem Interview, es gebe „tausende Geschichten“ über seinen Spitznamen. Er habe aber nie etwas dagegen gehabt, denn „die Leute haben das positiv und spaßig aufgefasst“.

Kobra/Blindschleiche: „Ich bin giftiger als jede Schlange.“ Dieser Satz brachte Jürgen Wegmann schon Ende der 1980er Jahre den Spitznamen „Kobra“ ein. In Duisburg, wo der gebürtige Essener 1993 unter Vertrag stand, wurde Wegmann aber bald zur Blindschleiche. Wegmann kam für den MSV nur sieben Mal zum Einsatz, schoss zwei Törchen und wurde schnell als unbrauchbar ausgemustert.

Erle: Carsten Wolters brachte seinen Spitznamen von der SG Wattenscheid 09 mit nach Duisburg. In Wattenscheid gab es mehrere Spieler mit dem Vornamen Carsten im Kader, Wolters wohnte damals in Gelsenkirchen-Erle, also wurde er umgetauft. Auch an der Wedau blieb Carsten „Erle”. Tatsächlich erklärte Wolters 2016 im Interview mit dem Stadion-Magazin von Rot-Weiss Essen, sein Spitzname „habe sich bis heute gehalten”. Carsten habe ihn mit Ausnahme seiner Eltern seit zwanzig Jahren niemand mehr genannt.

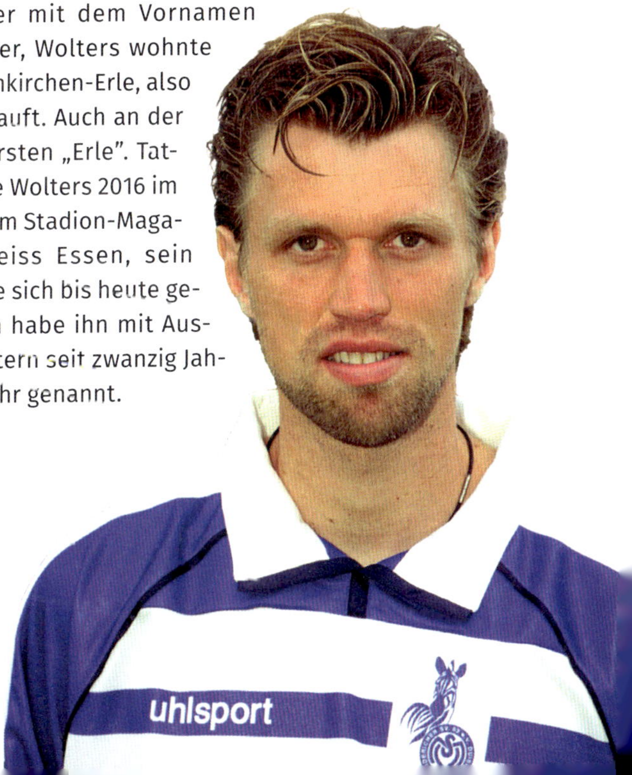

Niemand nennt ihn Carsten: „Erle“ Wolters

MSV Duisburg. Eine Zeitreise

1902 Insgesamt 34 junge Meidericher interessieren sich für den in Deutschland neuen Sport Fußball. Viele andere sehen in deren „wilden Spielen“ nur undeutsche „Fußlümmelei“. Mit der Gründung des Meidericher Spielvereins am 2. Juni bekommt alles seine Ordnung.

1904–18 Der erste Aufstieg, in die B-Klasse, erfolgt 1904. Ab Februar 1906 verpachtet die Stadt einen Sportplatz an der Westender Straße an den MSV. 1910 gelingt der Aufstieg in die A-Klasse, in der 1914 die Meisterschaft errungen wird. Nur im ersten Kriegsjahr versuchen die Verbände noch, den Spielbetrieb aufrecht zu erhalten. Der MSV gewinnt den Kriegspokal des Westdeutschen Fußballverbands.

1919–24 Vier Gründungsmitglieder des Meidericher SV bleiben weiter auch im Meidericher Turnverein von 1880. Zudem pflegen viele Turner zu den Fußballern nach anfänglicher Skepsis ein wohlwollendes Verhältnis. Diese Haltung hilft bei der Fusion beider Vereine zum TuS Meiderich 1880, die 1924 auf Turnverbandsgeheiß wieder endet. Die Jugendabteilung wird in den Jahren gegründet. Mit Karl Lebzelter wird der erste offizielle Trainer engagiert. Die Neuordnungen der Ligen machen es dem MSV erst schwer, an die Vorkriegserfolge sofort anzuknüpfen.

1925–29 Allmählich etabliert sich der MSV an der Tabellenspitze der höchsten Spielklasse. 1929 wird der Verein erstmals Niederrheinmeister und nimmt an den Finalrunden zur Westdeutschen Meisterschaft teil. Im notwendig gewordenen Entscheidungsspiel gegen FC Schalke 04 verliert der MSV 1:2. Als Vizemeister haben sich die Zebras für die Deutschen Meisterschaft qualifiziert. Durch eine 2:3-Heimniederlage gegen den Hamburger SV scheiden sie in der ersten Runde aus.

1930–32

Der MSV steht in den Tabellen weiter oben. 1931 folgt die nächste Niederrheinmeisterschaft. Bei der Finalrunde zur Westdeutschen Meisterschaft wird der MSV Dritter und gewinnt das Qualifikationsspiel zur Teilnahme an der Deutschen Meisterschaft. In der ersten Runde verlieren die Zebras beim SV München 1860 1:4 und scheiden aus. Ein Jahr später bestätigt der MSV mit erneuter Meisterschaft die führende Rolle am Niederrhein in jenen Jahren. Gegner im Halbfinale zur Westdeutschen Meisterschaft ist wieder Schalke. Der MSV verliert mit 1:5.

1933–45

Die Sportpolitik der Nationalsozialisten bringt dem MSV große Nachteile. Trotz beherrschender Rolle in den Vorjahren erhält der MSV in der neuen höchsten Spielklasse, der Gauliga, keine Spielberechtigung. Die Folge sind Spielerabgänge und finanzielle Schwierigkeiten, die das Überleben des Vereins in der zweithöchsten Spielklasse gefährden. An Aufstieg ist bis zum Ende des Ligenbetriebs im Zweiten Weltkrieg nicht zu denken.

1946–55

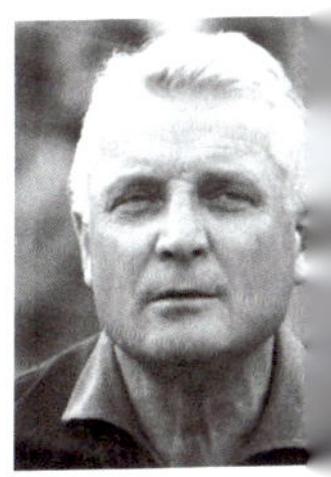

Der MSV wird 1946 zwar Stadtmeister in Duisburg, für die erste Saison der Oberliga West 1947/48 kann sich der Verein aber nicht qualifizieren. Das Unterhaus ist zunächst die Landesliga, dann die 2. Liga West, und der MSV spielt von Anfang an oben mit. In der Saison 1950/51 gelingt der Aufstieg unter „Fischken“ Multhaupt. Zwei guten Erstliga-Jahren folgen zwei im Kampf gegen den Abstieg. 1955 vergeblich.

1956–63 Der von Hermann Lindemann trainierten Mannschaft gelingt der sofortige Wiederaufstieg. Zwei bis drei Mannschaften aus Duisburg treten von nun an wieder in der Oberliga West an. Wechselvolle Leistungen des MSV folgen. Vom oberen Tabellendrittel über die mittleren Plätze bis zur Abstiegsgefahr ist alles dabei. Für die zur Bundesligaqualifikation entscheidende Saison ist wieder „Fischken" Multhaupt zuständig. Sein MSV hat Erfolg.

1963–64 Die Überraschungsmannschaft der ersten Bundesligasaison ist der Meidericher Spielverein. Mit der Vizemeistermannschaft hat auch in Duisburg niemand außer Trainer Rudi Gutendorf gerechnet. Der ließ sich sogar eine Prämie für die Meisterschaft im Vertrag garantieren.

1964–70 Die Leistung aus dem ersten Jahr kann der MSV nicht wiederholen. Durch gute Jugendarbeit kann die Seniorenmannschaft aber weiterhin mit Spielern wie Michael Bella und Detlef Pirsig verstärkt werden. Das Erreichen des Pokalendspiels 1966 ist ein Höhepunkt dieser Jahre, die zum Ende des Jahrzehnts vom Kampf gegen den Abstieg aus der Bundesliga bestimmt sind.

1970–75 Dem Abstiegskampf folgt ein Umbruch. Junge Spieler wie Bernard Dietz, Ronnie Worm und Rudi Seliger werden verpflichtet. In den Folgejahren sorgen sie für den Aufschwung, der einen ersten Höhepunkt mit dem Erreichen des Pokalfinales gegen Eintracht Frankfurt und der unglücklichen 0:1-Niederlage hat. Rudi Faßnacht und Willibert Kremer sind die Trainer jener Zeit.

1975–82 Mit dem Wechsel des österreichischen Nationalspielers Kurt Jara zum MSV ist auch die Hoffnung auf attraktiveren Fußball verbunden. Die erfüllt sich erst, als Otto Knefler

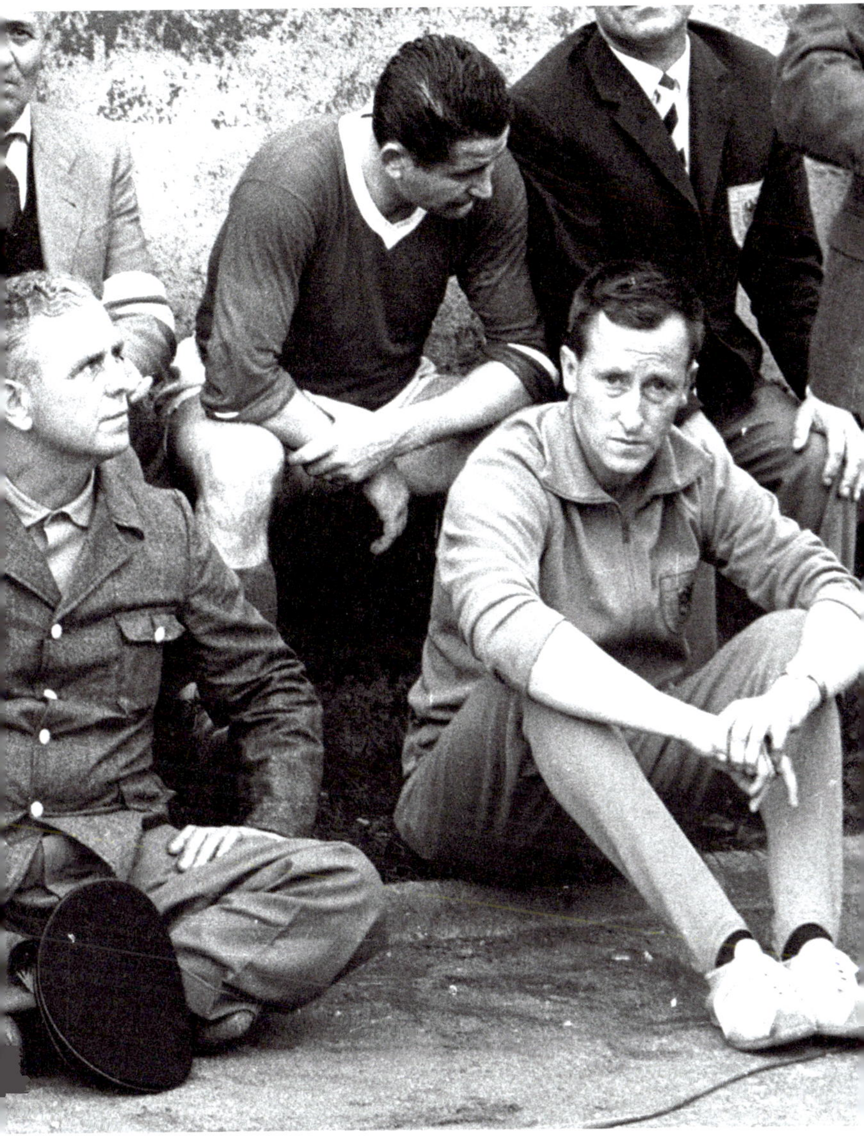

Enttäuschung bei Rotsünder Helmut Rahn (Mitte) nach dem ersten Platzverweis der Bundesliga am 14. September 1963 in der 77. Minute des Spiels MSV Duisburg gegen Hertha BSC Berlin. Rechts sitzend: Trainer Rudi Gutendorf

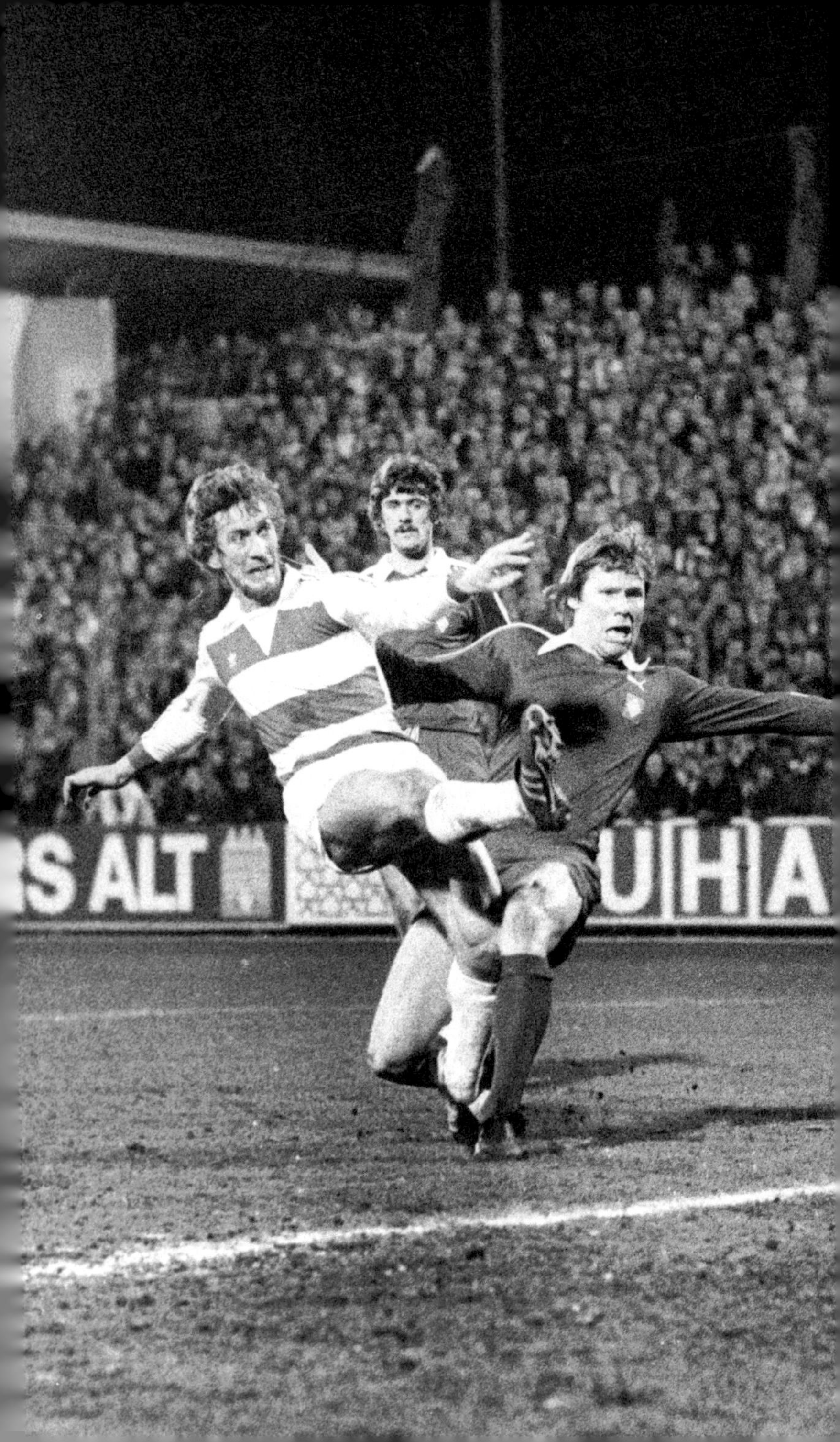
S ALT
UHA

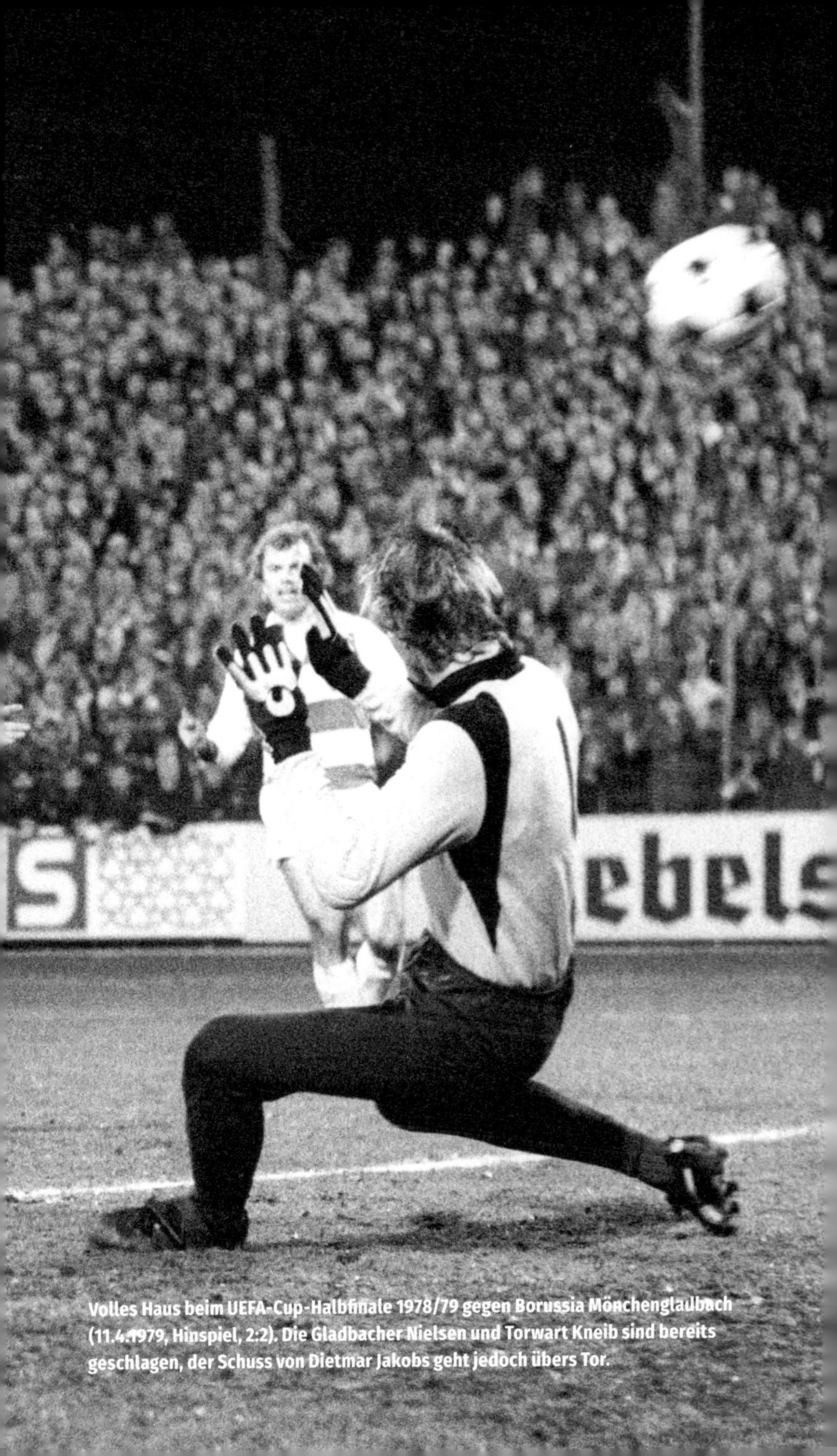

Volles Haus beim UEFA-Cup-Halbfinale 1978/79 gegen Borussia Mönchengladbach (11.4.1979, Hinspiel, 2:2). Die Gladbacher Nielsen und Torwart Kneib sind bereits geschlagen, der Schuss von Dietmar Jakobs geht jedoch übers Tor.

1976 Trainer wird. Zwei Jahre später werden die Zebras Sechster und nehmen am UEFA-Cup teil. Der Erfolg ist zugleich Bürde. Durch die Dreifachbelastung in der Folgesaison kämpft die Mannschaft gegen den Abstieg. Abstiegskampf wird zum Tagesgeschäft des MSV. 1982 steigt das Gründungsmitglied der Bundesliga ab.

1982–86 In der 2. Liga kann die Abwärtsspirale nur kurz gestoppt werden. Unter Trainer Luis Zacarias verpassen die Zebras 1984 die Chance auf den Wiederaufstieg in die Bundesliga in den Relegationsspielen gegen Eintracht Frankfurt. Danach sind die Kräfte erschöpft. Immer weniger Zuschauer kommen zu unansehnlich gewordenem Fußball bei immer größeren finanziellen Problemen des Vereins. Der Abstieg in die Oberliga 1986 ist die Folge.

1986–89 Der MSV stemmt sich gegen die drohende Bedeutungslosigkeit in der damaligen Amateurliga. Als Trainer führt der Oberliga-Kenner Detlef Pirsig eine neu zusammengestellte Mannschaft 1987 zur Amateurmeisterschaft, dann zum Aufstieg in die 2. Liga. Mit dem neuen Präsidenten Dieter Fischdick besitzt der MSV ab 1988 eine integrative Führungskraft.

1989–91 Die 2. Liga ist Durchgangsstation. Der Wiederaufstieg in die Bundesliga gelingt 1991 unter Trainer Willibert Kremer bei seinem zweiten Engagement beim MSV. Ein großer Teil der Mannschaft war schon in der Oberliga dabei.

1991–96 Die Achterbahnfahrten des MSV beginnen. Die Folgesaison endet mit Abstieg, dem der sofortige Wiederaufstieg folgt. Ewald Lienen ist vom Spieler zum

Trainer geworden und lässt begeisternden Fußball spielen, der aber den Abstieg im zweiten Jahr nicht verhindert.

1996–00

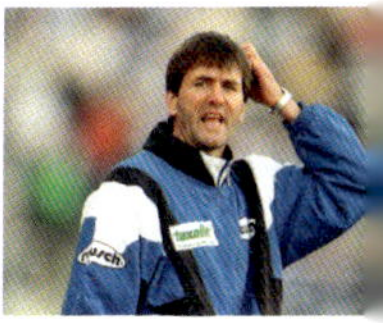

Der sofortige Wiederaufstieg gelingt unter Trainer Friedhelm Funkel, der mit dem MSV erfolgreicher wird als erwartet. Einstellige Tabellenplätze, UI-Cup-Teilnahme und das Erreichen des Pokalfinales 1998 stehen zu Buche. In Funkels viertem Jahr aber läuft alles gegen den MSV. Der Abstieg ist die Folge.

2000–13

Immer mehr TV-Geld verändert den Fußball und seine Bedeutung. Der MSV versucht, durch angepasste Strukturen und Stadionneubau Schritt zu halten. Der verantwortliche Bauunternehmer Walter Hellmich wird 2002 Präsident. Nachdem Norbert Meier als Trainer übernimmt, gelingt der Bundesligaaufstieg 2005. Innerhalb von drei Jahren geht es erneut runter, hoch und wieder runter. Der Erfolg war eine Wette auf die Bundesliga-TV-Erlöse der Zukunft. Weil sie in der 2. Liga ausbleiben, wird die Lage für den MSV bedrohlich. Das Erreichen des DFB-Pokalfinales 2011 schiebt die Sorgen beiseite. Die Präsidenten wechseln in schnellen Abständen.

2013–21

Die DFL verweigert die Lizenz für die 2. Liga. Dem MSV droht das Ende. Eine geballte Anstrengung in Duisburg rettet den Verein. Die Achterbahn setzt sich nun zwischen 3. und 2. Liga fort. Gino Lettieri, Ilia Gruev und Torsten Lieberknecht scheitern als Trainer daran, den MSV in der zum wirtschaftlichen Überleben notwendigen 2. Liga zu halten. Die Corona-Krise verschärft die Situation. Den Neuanfang als Trainer versucht Pavel Dotchev.

Reise durch Europa

Statt des Pokalsiegers Eintracht Frankfurt – der im europäischen Pokalsieger-Wettbewerb antrat – nutzte der MSV als unterlegener Finalist deren Startrecht 1975 im UEFA-Pokal. Schwierig für den Tabellenvierzehnten der Vorsaison. Ein zypriotischer Verein wie Paralimni Famagusta in der ersten Runde war noch kein Prüfstein. Doch gleich danach war Endstation bei Levski Spartak Sofia. Der 3:2-Sieg in Duisburg langte durch die 1:2-Niederlage wegen der Auswärtstorregel nicht. Heute wissen wir, seinerzeit freute sich auch der damals sechsjährige Ilia Gruev, 2000–04 Spieler, 2012–13 Co-Trainer und 2015–18 Trainer des MSV, über das Weiterkommen seines Heimatstadt-Vereins, der ab 1988 auch seine erste Station im Seniorenbereich war.

Der zweite Auftritt im UEFA-Pokal 1978 war dann nicht nur erfolgreicher, er brachte auch Begegnungen mit Spielern und Trainern, deren spätere Karrieren man noch nicht vermuten konnte. Souveräne Siege über Lech Posen führten in der nächsten Runde zur deutsch-deutschen Begegnung gegen Carl Zeiss Jena. Das 0:0 im Auswärtsspiel schuf gute Voraussetzungen für das Rückspiel, das die Zebras nach Verlängerung 3:0 gewannen. Die Duisburger begegneten damals zum ersten Mal Hans Meyer als Trainer einer Mannschaft. Erstaunlicherweise trainierte der knapp 36-Jährige Carl Zeiss Jena schon in seinem achten Jahr. 2007

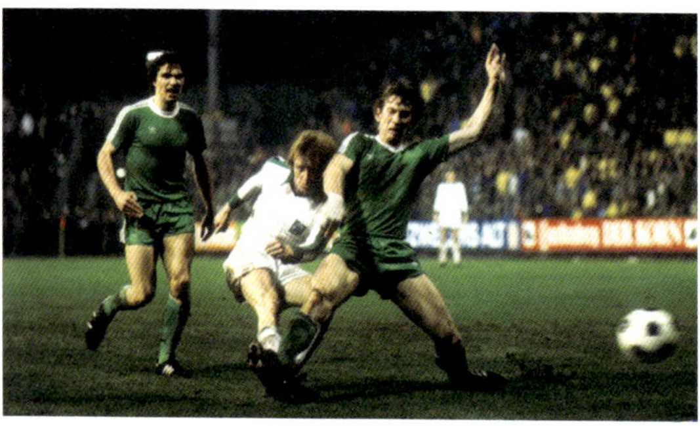

Auch wenn Ditmar Jacobs den Schuss von Winfried Schäfer nicht verhindern konnte, ging der Ball nicht ins Tor. Norbert Dronia sah dem Ganzen zu.

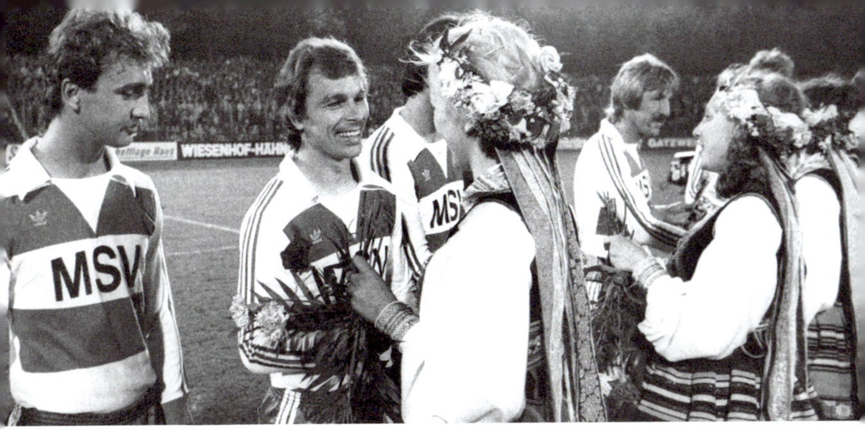

UEFA-Cup, September 1978. Vor dem Heimspiel gegen Lech Posen überreichten junge Frauen in polnischer Tracht den Duisburger Spielern Blumen, (erkennbar von l.) Reiner Alhaus, Bernard Dietz, Herbert Büssers.

war er mit dem 1. FC Nürnberg wieder einmal in Duisburg zu Gast. Eine Wiederholung des Besuchs mit dem Chemnitzer FC 1992 und mit Borussia Mönchengladbach 2000/01, mit der er zudem seine Pokalbilanz ausgleichen konnte. Im Viertelfinale des DFB-Pokals schied der MSV mit 0:1 aus.

Zurück zum Achtelfinale des UEFA-Pokals 1978, in dem Racing Straßburg nach dem 0:0 im Hinspiel in Duisburg mit Arsène Wenger in der Defensive antrat. Er erlebte eine 0:4-Niederlage bei einem seiner nur zwölf Einsätze für den Verein in drei Jahren. Als Trainer von Arsenal London zwischen 1996 und 2018 war er deutlich erfolgreicher. Sein Defensivkollege auf der Außenbahn, Raymond Domenech, wurde ebenfalls Trainer, unter anderem von Frankreichs Nationalmannschaft 2006 bis 2010.

Knapp überstand der MSV dann die nächste Runde gegen Honved Budapest. Dem 3:2-Auswärtssieg folgte eine unerwartete 1:2-Heimniederlage. Die Auswärtstorregelung verhalf dieses Mal zum Weiterkommen. Im Halbfinale bestätigte sich, dass Borussia Mönchengladbach nicht zu den Lieblingsgegnern der Zebras gehörte. Nach dem 2:2 im Heimspiel war der MSV im Rückspiel chancenlos. Das Tor zum Endstand von 1:4 schoss Ewald Lienen für die Borussia. Er brauchte noch ein paar Jahre bis ihm klar wurde, dass es in Duisburg besser ankommt, wenn er Tore für den MSV erzielt.

AHA!

Zwei dicke Dinger

In den vergangenen 50 Jahren gelang zwei Duisburgern das „Tor des Monats“, das traditionell in der ARD-Sportschau vorgestellt wird.

14. Mai 1977: Es war der 33. Spieltag der Bundesliga, die Zebras spielten im Wedaustadion gegen den 1. FC Saarbrücken. Vor 11.000 Zuschauern siegten die Gäste am Ende 3:2. Das Tor des Monats allerdings schoss ein Duisburger: Am Elfmeterpunkt lauernd, erwischte Kurt Jara in der 50. Minute eine Flanke von links genau richtig. Per Seitfallzieher knallte der Mittelfeld-Regisseur das Ding ins Saarbrücker Tor. Für den MSV war Jaras Treffer zum 2:2 das erste Tor des Monats überhaupt; Kurt Jara war zudem der erste Österreicher, der die begehrte Medaille gewann.

2. Dezember 2003: Im Achtelfinale des DFB-Pokals stand der MSV bei Jahn Regensburg kurz vor dem Aus. Mit 2:3 lagen die Zebras zurück, und die mitgereisten Duisburger Fans rauften sich die Haare. Doch dann, in der Nachspielzeit, traf Abdelaziz Ahanfouf zum 3:3. Aziz‘ irrer Fallrückzieher wurde nicht nur Tor des Monats, sondern ebnete den Zebras den Weg ins Viertelfinale: Im Elfmeterschießen überzeugte der MSV und gewann am Ende mit 2:4 Treffern.

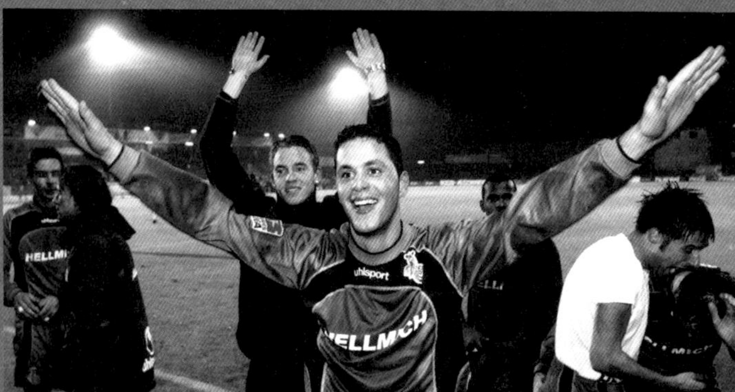

Abdelaziz Ahanfouf gelang das „Tor des Monats“ im DFB-Pokal-Achtelfinale.

Ohne Leistung Geld zurück

Im Mai 1980 brauchte der MSV seine Anhänger in den Heimspielen gegen den TSV 1860 München und Fortuna Düsseldorf nicht nur für Stimmung und übliche Einnahmen. Eine Mark Aufschlag auf jede Eintrittskarte sollte eine bessere finanzielle Grundlage schaffen für die Weiterverpflichtung des österreichischen Nationalspielers Kurt Jara, der im Mittelfeld das Spiel der Zebras ordnete. Sponsorengeld sollte hinzukommen.

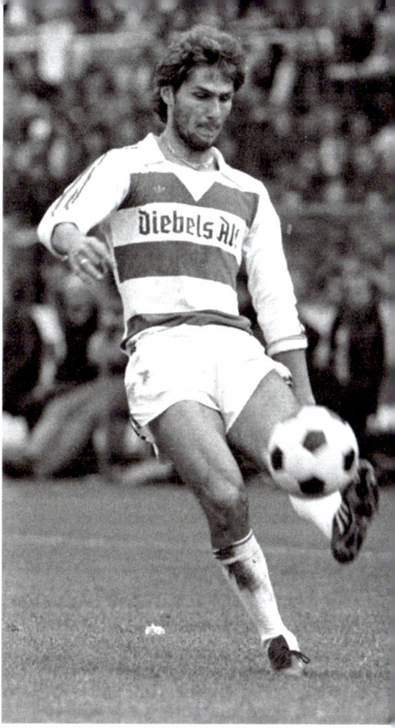

Von 1975 bis 1980 spielte Kurt Jara beim MSV.

Zu wenig Geld, das müssen MSV-Schatzmeister seit 1902 immer wieder feststellen. Gerade mit Gründung der Bundesliga wurden Schulden bei Fußballvereinen Normalität. Bayern München stand Anfang der 70er Jahre vor dem Bankrott. Überall suchten Vereinsvertreter Hilfe bei Städten und Gönnern. Duisburg bürgte für den MSV in den 60ern. In den 80ern half die Stundung von Kreditraten. Durch Abschreibung der Bank verschwand der Kredit schließlich aus den Büchern. Als Walter Hellmich 2002 übernahm, war der MSV fast pleite. Zehn Jahre später Wiedervorlage derselben Situation.

1980 wechselte Kurt Jara trotz aller finanziellen Klimmzüge. Der MSV aber könnte in einer Hinsicht Vorbild sein. Nach der missglückten Vertragsverlängerung gab es die „Jara-Mark" als Abschlag beim Kartenpreis des ersten Spiels der folgenden Saison zurück. Bedenkenswert für einen Top-Spiel-Zuschlag bei nicht erbrachter Gegenleistung.

AHA!

Nackte Tatsachen

EIN TEURER HINTERN

Es ist der 15. Spieltag der Bundesliga-Saison 1979/80, der MSV ist zu Gast bei 1860 München, und Kurt Jara ist sauer. So sauer, dass der Spielemacher und Freistoßspezialist mitten im Spiel seine Hose herunterzieht und den 17.000 verdutzten Zuschauern seinen blanken Hintern zeigt. Der MSV, damals mit Bernard Dietz, Herbert Büssers und Trainer Heinz Höher, verliert mit 1:2, und Jara muss dem DFB für die Präsentation seines nackten Hinterteils eine Geldstrafe in Höhe von 10.000 Mark zahlen. Immerhin: Im Rückspiel siegte der MSV mit 1:0 und hielt nach einer irren Saison, in der die Zebras schon für tot erklärt worden waren, doch noch die Klasse.

DAS PLAYBOY-MÄDCHEN

Ein schwül-warmer Tag im Mai, für den MSV geht es um alles oder nichts. Im letzten Spiel der Bundesliga-Saison 1991/92 müssen die Zebras zu Hause gegen den Reviernachbarn Borussia Dortmund ran. Die Dortmunder unter Trainer Otmar Hitzfeld stehen auf dem dritten Tabellenplatz, Duisburg, mit Coach Uwe Reinders, Michael Tönnies, Heribert Macherey und Michael Tarnat, auf Rang 17. Im Wedaustadion fiebern die 31.500 Zuschauer dem Anpfiff entgegen, als plötzlich eine junge Frau im Ledermantel vor der Nordkurve erscheint, sich langsam auszuziehen beginnt und schließlich alle Hüllen fallen lässt. Die Fans johlen und jubeln. Doch die Nackte, die an der Wedau für den „Playboy" blankgezogen hatte, sollte ihre einzige Freude an diesem Tag bleiben: Der MSV verlor mit 0:1 und stieg in die Zweite ab.

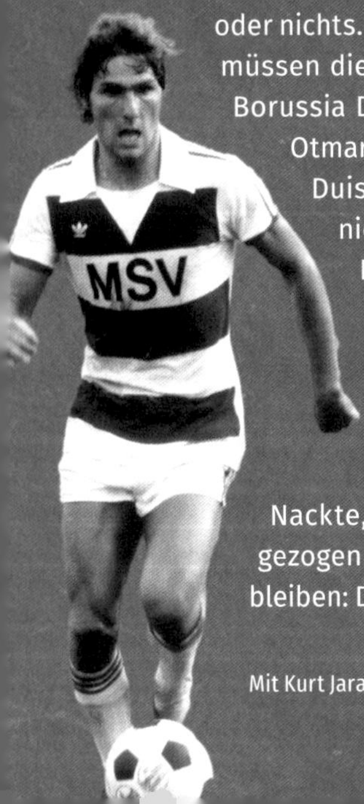

Mit Kurt Jara im Mittelfeld entwickelte der MSV eine neue Spielkultur.

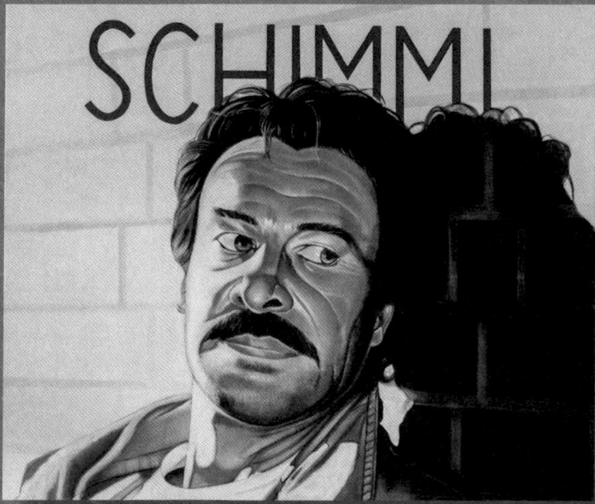

„Schimmi“ war Duisburger durch und durch – und natürlich MSV-Fan.

DER KOMMISSAR

Auch Götz George alias „Schimanski“ war schon nackig im Wedaustadion: Im ARD-Tatort „Zweierlei Blut“ wacht der Ermittler splitterfasernackt auf dem heiligen Rasen auf. Zuvor ist zu sehen, wie sich „Schimmi“ ein Heimspiel des MSV anschaut. Die Partie, die auch auf Plakaten in einer Wäscherei angekündigt wird, in der „Schimmis“ Kollege Christian Thanner im Film ermittelt, hat es wirklich gegeben: Gezeigt werden Spielszenen des Zweitliga-Derbys vom 15. April 1983, das der MSV unter Trainer Siegfried Melzig mit 0:2 gegen Rot-Weiss Essen verlor. Erfunden war freilich der Rest der Geschichte: Nach dem Abpfiff wird im Film die Leiche eines Italieners entdeckt. Schimanski ermittelt verdeckt bei einer Gruppe MSV-Hooligans, fliegt auf und wird – zusammengeschlagen und nackt – im Mittelkreis des MSV-Stadions abgelegt. Die Kamera zeigt „Schimmi“ von hinten, just in dem Moment, als im gesamten Stadion das Flutlicht angeht. Übrigens: Bei seiner Erstausstrahlung am 22. Juli 1984 hatte „Zweierlei Blut“, dessen Arbeitstitel „Treffpunkt Wedau“ lautete, einen Marktanteil von 40 Prozent. Damit sahen mehr als 14 Millionen Zuschauer die für den „Tatort” aufgenommenen Ausschnitte des Spiels MSV–RWE.

Und danach?!

Wenn Profi-Fußballer mit dem Kicken aufhören, machen sie oft den Trainerschein. Doch Coach in der Kreisliga kann jeder! Diese ehemaligen MSV-Spieler haben sich nach ihrem Karriereende ganz anderen Aufgaben gewidmet.

„Zonder afsprak“ (ohne Termin) konnte man sich bei **Kees Bregman** in Amsterdam die Haare schneiden lassen. Der ehemalige Profi, von 1974 bis 1979 und dann nochmal von 1982 bis 1984 beim MSV, hatte das Handwerk gelernt, bevor er Fußballprofi wurde. Nach dem Karriereende eröffnete Bregman einen Salon in seinem Heimatland, den er mit alten Schwarz-Weiß-Fotos aus der Bundesliga-Zeit der 1970er und 80er dekorierte.

Markus Osthoff, der zwischen 1994 und 2000 für den MSV am Ball war, arbeitet heute als Lehrer. Osthoff ist an einer Realschule in Bottrop tätig, wo er Hauswirtschaft und Sport unterrichtet. Den Grundstein dafür legte er schon während seiner aktiven Zeit beim MSV. Er sei damals eigentlich permanent an der Hochschule eingeschrieben gewesen, erzählt der Ex-Profi in einem Interview.

Roland Wohlfahrt, der von 1981 bis 1984 für den MSV spielte, danach sogar Rekord-Torschütze bei den Bayern, ist nach dem Ende seiner Profi-Karriere in die Estrich-Firma seiner Familie zurückgekehrt. „Mir gefällt die Arbeit“, erzählte Wohlfahrt 2016 dem „kicker“. Fußballspielen gehe nicht mehr: „Ich habe zwei künstliche Hüften.“ Auf Jugend- oder Amateurtrainer habe er „keine Lust“.

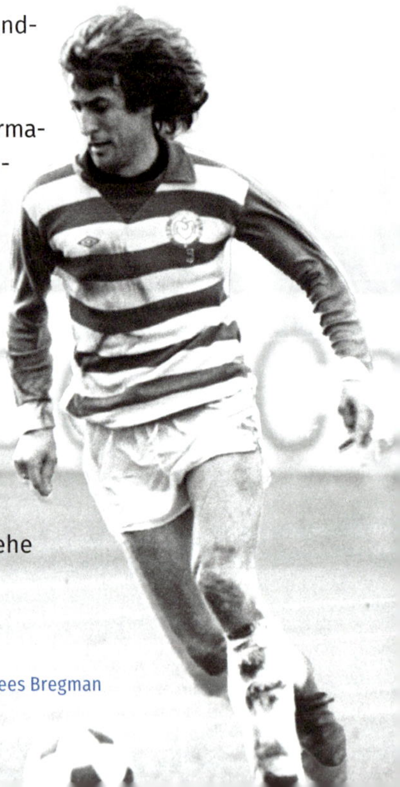

Kees Bregman

Schicksalhafte Begegnungen

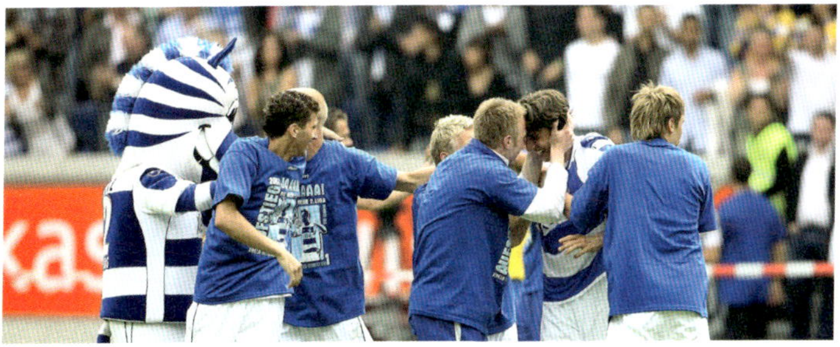

2007 stieg der MSV auf und kickte RWE dabei in die Regionalliga.

Zum sprichwörtlichen Zünglein an der Waage wurde der MSV in seiner Geschichte gleich mehrfach – zweimal sogar gegen Nachbarn aus dem Revier. So zum Beispiel im Mai 1981, als der MSV den FC Schalke 04 gnadenlos weiter Richtung 2. Liga schickte: Nach 30 Spieltagen stand S04 mit 22 Punkten auf dem 17. Tabellenplatz – punktgleich mit Arminia Bielefeld, 1860 München und dem 1. FC Nürnberg. Ein Dreier gegen Duisburg hätte die Schalker also ein gutes Stück weiterbringen können. Doch nachdem es im Wedaustadion zur Halbzeit durch Tore von Dietz und Täuber noch 1:1 gestanden hatte, drehten die Duisburger in Hälfte zwei so richtig auf. Steininger, Gores, Seliger und Grillemeier trafen. Am Ende stand es 5:1. Wenige Woche später war es dann offiziell: Schalke musste mit 23 Punkten in Liga zwei. Der MSV beendete die Saison auf Rang zwölf.

Auch im letzten Spiel der Zweitligasaison 2006/07 ging es um alles. Der MSV empfing die Truppe von Rot-Weiss Essen im Wedaustadion. Die Zebras wollten unbedingt aufsteigen, RWE auf keinen Fall absteigen. In der ersten Hälfte taten sich die Zebras schwer, doch direkt nach Wiederanpfiff wurde Markus Kurth im Sechzehner gefoult, und Mihai Tararache verwandelte vom Elfmeterpunkt. Markus Daun schoss das 2:0, darauf folgte das Siegtor durch Ivo Grlic. Duisburg 3, Essen 0. RWE stieg in die Regionalliga ab, Duisburg ins Oberhaus auf.

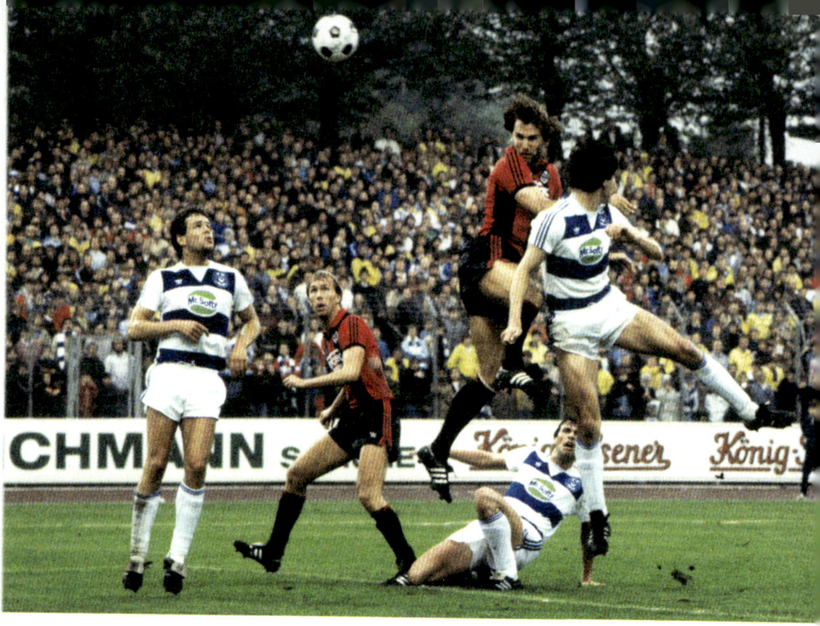

Wegen einer angeblichen „Regelwidrigkeit" wurde den Duisburgern in der Relegation gegen Frankfurt ein Treffer verweigert.

Hätte, hätte …

Zweimal stand der MSV im Laufe seiner Geschichte in der Relegation: 1984 spielten die Zebras um den Aufstieg in die Bundesliga. 2016 um den Verbleib in der Zweiten. Beide Male ging's schief. Doch eines der Spiele hätte auch ganz anders enden können. Eine Rekonstruktion.

Am 1. Juni 1984 mussten die Zebras im Hinspiel der Relegation gegen die Eintracht aus Frankfurt ran. Es ging um nichts Geringeres als den Aufstieg in die erste Liga: Unter der Führung des peruanischen Trainers Luis Zacarias stand der MSV mit 50:26 Punkten auf dem dritten Tabellenplatz, hinter dem Karlsruher SC und Schalke 04 und vor Hessen Kassel. Die Frankfurter hatten die Bundesliga-Saison auf Rang 16 beendet.

29.000 Zuschauer waren im Wedaustadion, sahen eine Duisburger Mannschaft, die bereits nach 23 Minuten ein Tor kassierte. Eintracht-Spieler Jan Svensson ließ drei Meidericher im Strafraum stehen und nickte per Kopf zum 0:1 ein. „Die frühe Entscheidung", kommentierte der Sprecher des Hessischen Rundfunks (HR).

Tatsächlich konnte aber zu diesem Zeitpunkt längst nicht von „Entscheidung" die Rede sein. Denn kurz nach der Pause glich Roland Wohlfahrt für den MSV aus. Ein wunderschönes Tor, an dem sich aber „die Geister schieden", wie der HR-Kommentator bemerkte. Denn im Strafraum gab es einen Zweikampf zwischen Wohlfahrt und seinem Frankfurter Gegenspieler, in dessen Folge Wohlfahrt einköpfte. Der Ball ging direkt ins Tor, und Wohlfahrt brach in Jubel aus. Doch Schiedsrichter Wilfried Heitmann hatte eine „Regelwidrigkeit" gesehen. Aber angebliche Regelverstoß war „auch in der Zeitlupe nicht erkennbar", gab der HR-Kommentator zu. Hätte das Tor gezählt – für die Zebras wäre wieder alles offen gewesen.

So aber brach der MSV in der zweiten Hälfte komplett ein und ging am Ende mit 0:5 unter. Immerhin gelang den Duisburgern vier Tage später im zweiten Spiel der Relegation ein achtbares 1:1 (0:0). Den Führungstreffer für den MSV schoss Günter Schlipper.

Das zweite Mal in der Geschichte des MSV standen die Duisburger im Mai 2016 gegen die Kickers aus Würzburg in der Relegation. Dass die Zebras in dieser Saison überhaupt einen Relegationsplatz erreichten, war für viele MSV-Fans wie ein kleines Wunder. Unter Trainer Ilia Gruev, der im November 2015 an die Wedau gekommen war, hatten die Meidericher am Ende der Saison eine starke Aufholjagd gestartet, die für Platz 16 reichte. Doch dann gingen beide Spiele gegen Würzburg verloren (0:2 und 1:2). Kleiner Trost: Zwar stiegen die Duisburger 15/16 in die 3. Liga ab. Ein Jahr später gelang aber mit einer beeindruckenden Bilanz von 18 Siegen, 14 Remis und nur sechs Niederlagen in 38 Partien der direkte Wiederaufstieg.

Blau-Weiße Zahlenspiele

3

Mal gewann der MSV den Niederrheinpokal (1989, 2014 und 2017).

5

Minuten genügten Michael Tönnies 1991 im Spiel gegen den KSC für den bis dahin schnellsten Hattrick der Bundesliga-Geschichte.

4,2

Millionen Euro brachte der Verkauf von Bachirou Salou an Borussia Dortmund.

4

Tore schoss Bernard Dietz in der Bundesliga-Saison 1977/1978 beim 6:3-Sieg der Zebras gegen Bayern München.

14

Sekunden brauchte Ronny Worm 1974 im Spiel gegen den Hamburger SV für das erste Blitztor der Bundesliga.

19

Jahre lang – von 1963 bis 1982 – spielte der MSV ohne Unterbrechung in der ersten Bundesliga.

46

Monate arbeitete Friedhelm Funkel als Trainer des MSV – keiner war länger Coach der Zebras.

7

Tore schossen die Zebras beim höchsten Heimsieg der Vereinsgeschichte im April 1968. Gegner 1. FC Kaiserslautern gelang kein einziges Tor.

296

Siege fuhr der MSV in seiner Zeit als Bundesligist ein.

12.000

Fans besuchten den Trainingsauftakt in Meiderich, nachdem der MSV 2007 wieder in die Bundesliga aufgestiegen war.

405

Bundesligaspiele machte Michael Bella von 1964 bis 1978 für den MSV. Der Vereinsrekord.

29

Tore erzielte Michael Tönnies als Torschützenkönig der 2. Liga in der Saison 1990/91.

30.112

Zuschauer passten in das alte Wedaustadion.

Balsam für die Seele

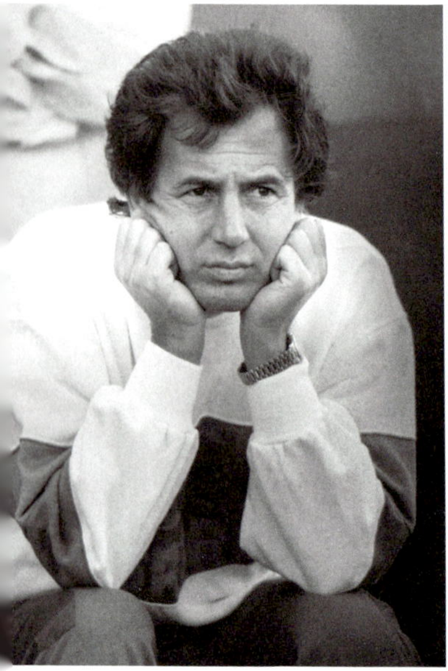

Warum so traurig? 1987 feierte der MSV mit Coach Detlef Pirsig einen der größten Erfolge in der Vereinsgeschichte.

Am 21. Juni 1987 feierte der MSV einen der größten Erfolge in der Vereinsgeschichte. Unter Trainer Detlef Pirsig wurden die Meidericher Deutscher Meister der Amateure. Der Titel war ein kleiner Trost für die Fans und eine Mannschaft, die kurz zuvor in die drittklassige Oberliga Nordrhein abgestürzt war und die Aufstiegsrunde zur 2. Bundesliga verpasst hatte.

An den Amateurmeisterschaften durften nur die Vereine teilnehmen, die in ihren Oberligen Zweiter geworden waren, darunter Preußen Münster (Oberliga Westfalen), Tennis Borussia Berlin (Oberliga Berlin) und die Amateure des FC Bayern München (Bayernliga). In der 1. Runde mussten die Zebras gegen den hessischen Club SV Eintracht Haiger ran. Im Halbfinale ging es gegen die Berliner, gegen die der MSV im Hinspiel nicht über ein torloses Unentschieden hinauskam. Das Rückspiel zu Hause entschieden die Zebras dann aber mit 2:1 für sich.

Im Finale trafen die Duisburger mit Michael Tönnies, Michael Struckmann, Uwe Kober, Toni Puszamszies und Karl Rohr im Wedaustadion auf die Amateure des FC Bayern München, die gegen glänzend aufgelegte und heimstarke Duisburger keine Chance hatten. Das Spiel endete 4:1, wobei Michael Tönnies und Uwe Kober je zweimal trafen. 11.000 Zuschauer feierten einen Titel, der für viele Duisburger Balsam für die Seele war.

Lokale Erfolgsformel

Dieter Fischdick war Ratsherr der SPD, und er war Meidericher. Beides ist von besonderer Bedeutung für sein Wirken als Präsident des MSV von 1987 bis zum Oktober 1996. Nach dem Abstieg 1986 aus der 2. Liga sah es für den MSV schlecht aus. Die Schulden waren zu hoch, der Rückhalt bei den Duisburgern zu gering.

Um das zu ändern, brauchte es einen Mann an der Spitze, für den der MSV mehr als Fußball war. Wer in den 1950er Jahren zum Meidericher SV ging, bekannte sich auch zum Stadtteil. Diese alte Verbundenheit trieb Dieter Fischdicks Arbeit für den MSV an. Sein Netzwerk als Lokalpolitiker half ihm dabei.

Er hielt die Fäden zusammen, lebte im MSV-Alltag das Familiäre und den lokalen Zusammenhalt vor. Oft gerühmt wurden die Mahlzeiten, die seine Frau Irmgard für die Auswärtsfahrten der Mannschaft zubereitete. Die ersten verpflichteten Trainer, Detlef Pirsig und Willibert Kremer, kannten diesen Geist als Spieler des MSV aus den 60ern. Die Zebras kehrten zurück in die Erfolgsspur.

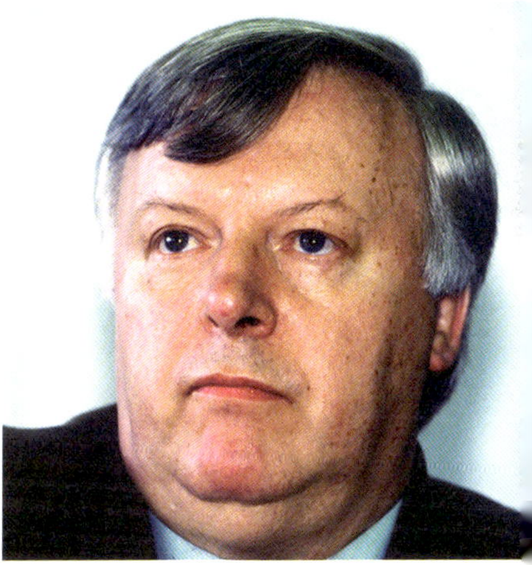

Mit Dieter Fischdick an der Vereinsspitze ging es für den MSV endlich wieder nach oben.

Als der MSV wieder in der Bundesliga spielte, schlug Fischdick die Bezahlung des Vorsitzes vor. Mitglieder reagierten mit Unterstellungen auf die professionellere Struktur. Vor dem deshalb beschlossenen Rücktritt erlitt er einen Herzinfarkt während der Pressekonferenz vor dem Spiel des MSV beim BVB und verstarb. Er wurde 58 Jahre alt.

AHA!

Vielfalt schießt Tore

Der erste Bundesliga-Spieler des MSV mit ausländischen Wurzeln war Heinz Versteeg. Er und Jacobus Prins (Kaiserslautern) waren **die ersten Niederländer, die in der Bundesliga mitmischten**. In der Fachpresse wurde Versteeg allerdings nie als „Ausländer" gelistet. Weil der Niederländer in Duisburg geboren wurde und seit der Jugend beim MSV spielte, wurde er offiziell als Deutscher geführt.

Das erste „brasilianische Tor" der Bundesliga schoss Raoul Eduardo Travassos Tagliari am 21. November 1964. Beim 2:0 gegen Nürnberg feierte das brasilianische Zebra sein Debüt in Deutschland und war direkt erfolgreich. Insgesamt kam Tagliari auf nur neun Einsätze in der Bundesliga und vier Tore, bevor er die Liga 1966 wieder verließ.

Die meisten ausländischen Spieler rekrutierte der MSV laut transfermarkt.de aus Brasilien, den Niederlanden und Kroatien: Jeweils zwölf Spieler aus den Niederlanden und Kroatien sowie 14 Spieler aus Brasilien trugen das Zebra-Dress. Dabei kommen die Niederländer zusammen auf mehr als tausend Einsätze und mehr als 150 Tore. Am anderen Ende der Skala steht jeweils ein Spieler aus Nordmazedonien (Xhelil Abdulla), Sambia (Johnson Bwalya) und Gambia (Yaffa Yusupha). Sie alle waren beim MSV unter Vertrag, kamen aber nie in der ersten Mannschaft zum Einsatz.

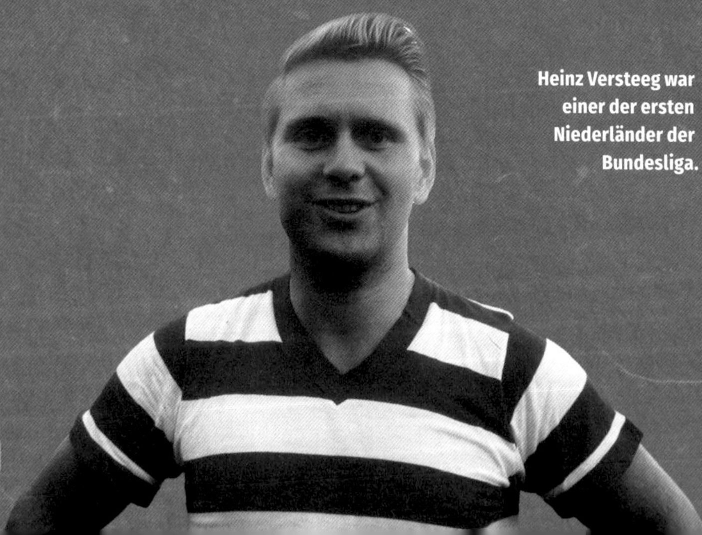

Heinz Versteeg war einer der ersten Niederländer der Bundesliga.

Besonders in Erinnerungen geblieben sind:

Heinz van Haaren (Niederlande, beim MSV von 1964 bis 1968): Machte 22 Tore in insgesamt 123 Bundesliga-Spielen für den MSV und wurde von den Fans in die MSV-Jahrhundertelf gewählt.

Pavlic Djordje (Jugoslawien, 1966–1972): Offensiver Mittelfeldspieler, der für die Zebras in 173 Erstliga-Spielen 21 Tore erzielte.

Kees Bregman (Niederlande, 1974–1975 und 1982–1984): Der „verrückte Holländer" war ein gefürchteter Libero, spielte im Strafraum gerne mit höchstem Risiko und stoppte den Ball dort sogar mit dem Hintern.

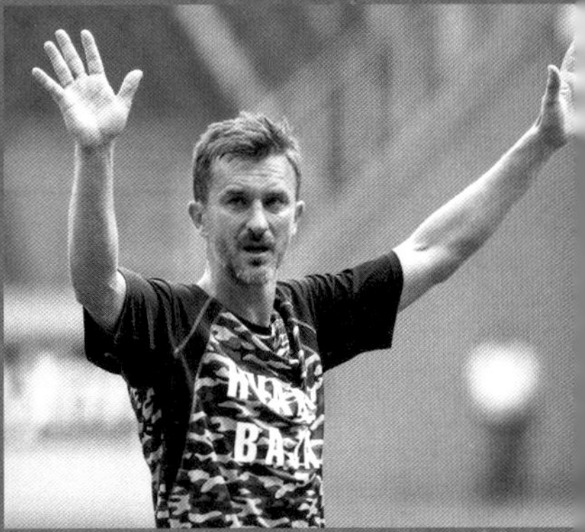

Branimir Bajic war lange Jahre ein verlässlicher Fixpunkt der Zebras.

Kurt Jara (Österreich, 1975–1980): Hielt im Mittelfeld die Zügel fest der Hand und konnte lange Pässe schlagen. 160 Bundesligaspiele (23 Tore), dazu 17 DFB-Pokal- und zehn UEFA-Cup-Spiele (jeweils zwei Tore) für den MSV.

Tomasz Hajto (Polen, 1997–2000): „Einwurfmonster", keiner schleuderte den Ball so weit wie er, keiner sammelte Gelbe Karten wie er.

Lubomir Moravcik (Slowakei, 1998): Mittelfeld-Genie, galt als Ästhet am Ball und konnte millimetergenaue Pässe schlagen. Verließ Duisburg bereits nach vier Monaten

Stefan Maierhofer (Österreich, 2010–2011): Spielte sich mit wahnsinnigem Einsatzwillen in die Herzen der MSV-Fans. Vor allem an seine Einsätze im DFB-Pokal erinnert man sich bis heute.

Abdelaziz Ahanfouf (Marokko, 2003–2006): Erlebte in Duisburg seine beste Zeit und schoss 40 Tore.

Branimir Bajić (Bosnien-Herzegowina, 2010–2018): Stammspieler, Kapitän und verlässlicher Fixpunkt der Zebras.

Srđan Baljak (Serbien, 2010–2013): Mannschaftskapitän, konnte aus dem Nichts einen Treffer erzielen.

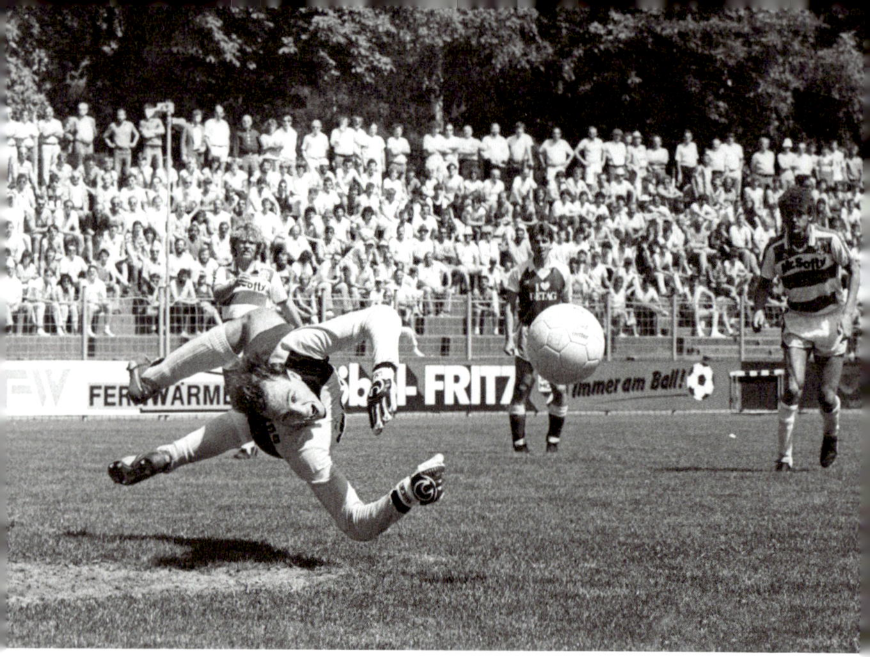

Im Spiel gegen den FC 08 Homburg sicherten auch Heribert Machereys Paraden den 1:0-Sieg.

Tief runter und hoch rauf, sie blieben dabei

Ab 1986 freundete sich der MSV in der Oberliga für einige Zeit mit regionalem Fußball an. Die Anhänger fuhren zu Dörfern am Niederrhein, wo es sich immer zu klein für den Ex-Bundesligisten anfühlte. Sie sahen das Lokalderby gegen Hamborn und sollten sich Spielernamen von Amateuren merken. In der Weite des Wedaustadions hatte es schon in den Zweitligajahren mangels Zuschauern sehr nach dieser Fußballwelt ausgesehen. Mit Beginn der 90er dann endlich wieder Bundesliga!

Vier Spieler waren den Weg durch alle Ligen mitgegangen, je einer aus den unterschiedlichen Mannschaftsteilen. Torwart Heribert Macherey war 1983 vom Oberligisten Hamborn 07 zum MSV in die 2. Liga gewechselt. Für ihn war das ein Aufstieg, für die Zebras aber ein Zeichen für verminderte Möglichkeiten. Der MSV konnte nach einem Jahr 2. Liga bei bedeutenden Abgängen keinen Spieler eines Liga-Konkurrenten verpflichten. Macherey bewies, dass das kein Nachteil sein musste. Auch wenn seine Konkurrenten in den Profiligen für einige Zeit den Vorzug erhielten, irgendwann stand er wieder im Tor.

Ein Jahr später kam Patrick Notthoff aus Bottrop. Er war seinem älteren Bruder Pascal gefolgt, der im Mittelfeld glänzte und nach dem Abstieg 86 den MSV verließ. Patrick Notthoff hingegen etablierte sich in der Defensive und wurde einflussreicher Mannschaftskapitän. Für den Schatten seiner Karriere sorgten seine amourösen Verstrickungen mit atmosphärischen Folgen in der Mannschaft.

Von 1985 an spielte Toni Puszamszies im Mittelfeld, um Torgefahr auszustrahlen. Von 1986 an arbeitete er nach dem Abstieg zudem als Lagerverwalter. Als Uwe Reinders ihn 1993 vor die Entscheidung stellte, zwischen Fußball und Beruf zu wählen, ging er zu den MSV-Amateuren. Michael Struckmann kam schon in der Saison 1982/83 aus der Jugend des MSV zum Profi-Kader. Zwei Jahre blieb es bei sporadischen Einsätzen. Dann setzte er sich durch, wurde Stammspieler und behauptete sich über die Jahre immer wieder neu.

Dennoch stand er oft im Schatten der anderen Aufstiegsspieler, die der MSV erst während der Oberliga-Zeit verpflichtete. Nachdem Michael Tönnies 1987 zum MSV stieß, zog der wegen seiner vielen Tore die Aufmerksamkeit auf sich. Ewald Lienen, im selben Jahr verpflichtet, weckte die Hoffnung auf die Bundesligarückkehr allein durch seine Erfahrung. Uwe Kober galt als Freistoßspezialist. „Ferry“ Schmidt wurde als schneller Flügelspieler durch seinen kämpferischen Einsatz zum Publikumsliebling. Struckmann besaß solche Eigenschaften auch, nur nicht so ausgeprägt, um damit aufzufallen. Er war einfach immer da, setzte sich ein und gab nicht auf. Ein Spieler, dessen Leistung oft erst im Nachhinein auffällt.

Duisburger Duelle

„Zebras gegen Löwen“ – unter dieser Überschrift standen in den vergangenen Jahren die Partien MSV vs. 1860 München. Mitte der 1980er Jahren war das anders, da kickten die Zebras vom MSV regelmäßig gegen die Löwen von Hamborn 07. Beide Vereine trafen damals in der Oberliga Nordrhein aufeinander, in die der MSV abgestiegen war.

Zwischen 1986 und 1989 gab es in der damals höchsten Amateurklasse diese Duisburger Derbys. So auch in der Hinrunde 1988/89, als der Tabellenerste MSV unter Trainer Detlef Pirsig den Tabellenzweiten Hamborn im Wedaustadion empfing. 13.500 Zuschauer verfolgten das Spiel, bei dem Hamborn trotz großer Überlegenheit der Meidericher in Führung ging. Am Ende gewann der MSV durch Treffer von Michael Tönnies und den eingewechselten Michael Struckmann in der Nachspielzeit. Es war die letzte Oberliga-Saison für den MSV, der später vor Preußen Münster in die zweite Bundesliga aufstieg. Hamborn landete auf dem zwölften Tabellenplatz.

Nicht immer endeten die Stadtderbys aber siegreich für den MSV. 1987 schmissen die Rivalen aus dem Duisburger Norden den MSV sogar aus dem Niederrheinpokal. Schon in der ersten Runde hatte der MSV bei dem A-Kreisligisten ASV Süchteln so seine Schwierigkeiten und brachte ein nur hauchdünnes 1:0 mit nach Hause. Nur wenige Tage später schossen die Hamborner die Zebras dann mit 2:0 endgültig aus dem Pokal.

Raus aus der Oberliga: Michael Struckmann

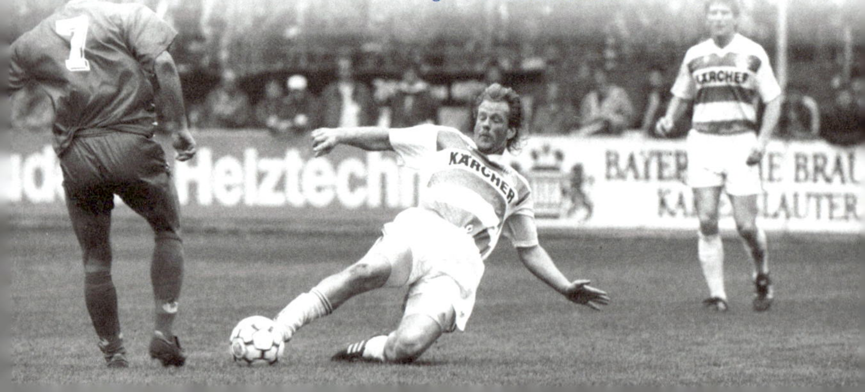

Der Sieg seines Lebens

Als Michael Tönnies zum ersten Mal als Co-Stadionsprecher vor der Tribüne stand, war er dem Tod gerade nochmal von der Schüppe gesprungen. Im April 2013 hatte der „Dicke“ eine Spenderlunge bekommen, knapp ein Jahr später las er die Namen der Spieler vor, als wäre es das Normalste der Welt.

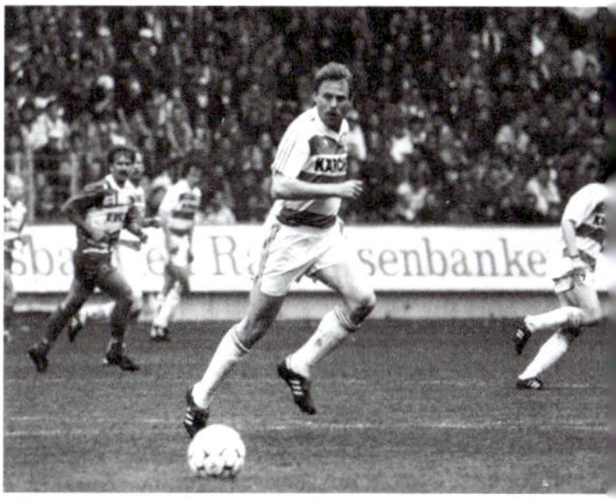

Michael Tönnies wurde in Duisburg nicht nur wegen seines legendären Hattricks verehrt.

Dabei war es ein kleines Wunder, dass er diesen Tag erlebte. 2005 war bei dem starken Raucher ein Lungenemphysem im Endstadium festgestellt worden. Der frühere Profi-Kicker, der in Duisburg nicht nur wegen seines Hattricks binnen fünf Minuten verehrt wurde, verlor jeden Lebensmut. Er wartete auf den Tod. Doch statt des Todes fanden die MSV-Fans zurück in Tönnies‘ Leben. Sie schrieben ihre Erinnerungen auf, gaben ihm die Hoffnung zurück. Und so zog Tönnies endlich die dringend nötige Lungentransplantation durch. Nach der OP erzählte er, sein Leben sei wieder lebenswert geworden.

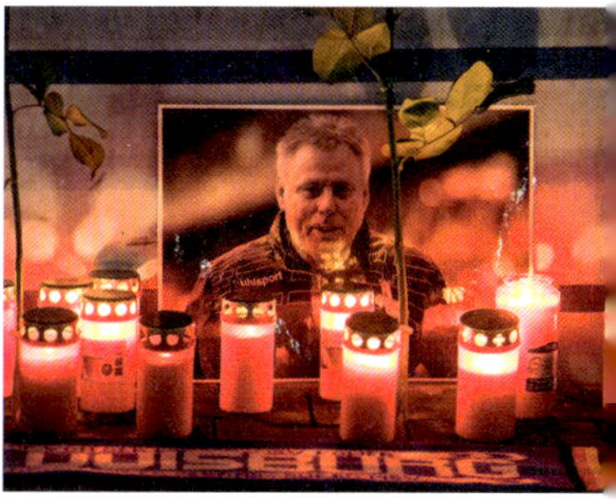

Der „Dicke“ wurde nur 57 Jahre alt.

Als der „Tornado“ dann von Lizenzentzug und Zwangsabstieg hörte, da war er es, der dem MSV Hoffnung geben wollte. Er kehrte als Stadionsprecher an die Wedau zurück. Und so stand er da und rief „Bitte“ Richtung Fankurve, so laut es das Spenderorgan zuließ. „Danke“, schallte es zurück, und alle machten mit.

Am 26. Januar 2017 starb Michael Tönnies im Alter von nur 57 Jahren. Für die MSV-Fans wird er immer leben.

Ob Fußballsprüche stimmen?

Es gibt unzählige Fußball(er)-Sprüche und -Weisheiten. Drei davon haben wir aus Zebra-Sicht untersucht – mit einem Augenzwinkern.

TORHÜTER UND LINKSAUSSEN HABEN EINEN AN DER KLATSCHE.

Stimmt – jedenfalls wenn man an diese zwei MSV-Keeper denkt, mit denen es (im absolut positiven Sinne natürlich!) ein bisschen verrückt war: **Gerhard Heinze** (von 1975 bis 1983 in Duisburg) sah mit seinen 1,75 Metern nämlich so gar nicht nach Torhüter aussah. Im Kasten verwandelte er sich aber dank seiner großen Sprungkraft, seiner Mega-Reflexe und der spektakulären Flugeinlagen auf der Linie zum wilden Tier. **Georg Koch** (beim MSV zwischen 2004 und 2007) war groß, kräftig und selbstbewusst, hatte starke Reflexe und eine tolle Ausstrahlung. Die Fans liebten ihn aber auch, weil er nie so weichgespült wirkte wie manch anderer Spieler. „Wie viele Torhüter ist auch er ein bisschen verrückt", sagte Dietmar Hirsch in einem Interview über seinen Teamkollegen und lachte: „Dass er sich in Kaiserslautern bei Auswärtsfahrten das Zimmer mit Mario Basler geteilt hat, sagt schon viel über ihn aus." Einen ziemlich „crazy" Linksaußen gab's bei den Zebras auch: **Mo Idrissou**. MSV-Boss Walter Hellmich hatte Idrissou, der 2006 an die Wedau kam, zunächst als „positiv Ver-

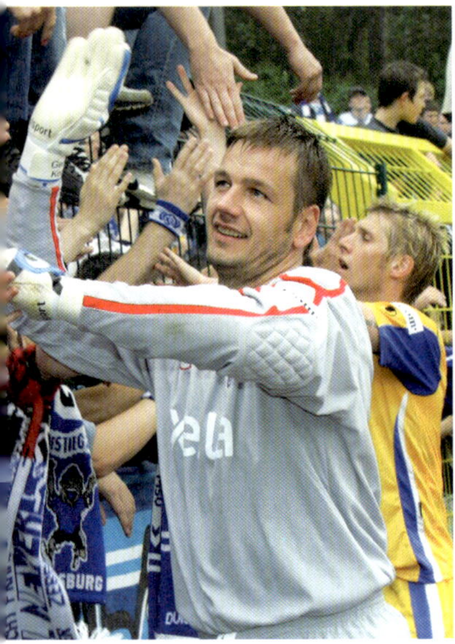

Ein bisschen verrückt und deswegen umso beliebter: Georg Koch

rückten“ bezeichnet. Doch dann leistete sich der Kameruner einen Fauxpas nach dem nächsten, wechselte 2008 nach Freiburg und legte sich danach immer wieder mit seinen Trainern an. Eine Bekannte zeigte ihn an. Zum Ende seiner Karriere war „Mo“ pleite und machte in seltsamer Manier von sich reden: Zum Jahresanfang 2017 postete er bei Facebook einen verrückten Neujahrsgruß mit Dutzenden Joints.

HASTE SCHEISSE AM FUSS, HASTE SCHEISSE AM FUSS.

Stimmt. Jedenfalls für **Stefan Emmerling**, der während seiner Zeit in Duisburg unfreiwillig einen Bundesligarekord aufstellte: Am 22. Spieltag der Saison 1996/1997 erzielte der Libero beim 0:4 beim FC Schalke 04 gleich drei Eigentore. Zwei Schüsse fälschte er so ab, dass MSV-Keeper Thomas Gill keine Chance hatte. Das dritte Eigentor resultierte aus einem Rettungsversuch nach einem Eckball. Emmerling knallte den Ball unter die Latte, Gill konnte wieder nur zusehen.

DER GEFOULTE SPIELER DARF DEN ELFMETER NICHT SELBST AUSFÜHREN.

Stimmt nicht unbedingt. Fakt ist: Die meisten Elfmeter, die die Zebras in den vergangenen Jahren bekommen haben, führte der Gefoulte nicht selbst aus. Fakt ist aber auch: Es gab immer wieder Ausnahmen wie **Zlatko Janjic**, der Ende August 2014 im Strafraum von einem Spieler von Viktoria Köln zu Fall gebracht wurde, selbst zum Strafstoß antrat und traf. Bereits zwei Wochen vorher hatte Janjic im DFB-Pokal gegen den 1. FC Nürnberg einen selbst herausgespielten Elfer verwandelt.

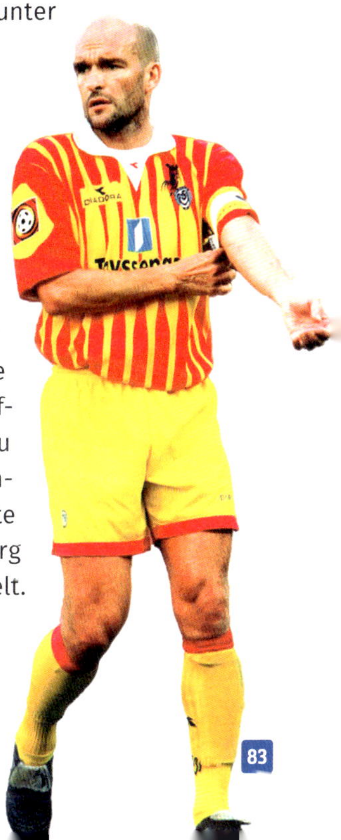

Stefan Emmerling stellte mit drei Eigentoren in einem Spiel einen Bundesligarekord auf.

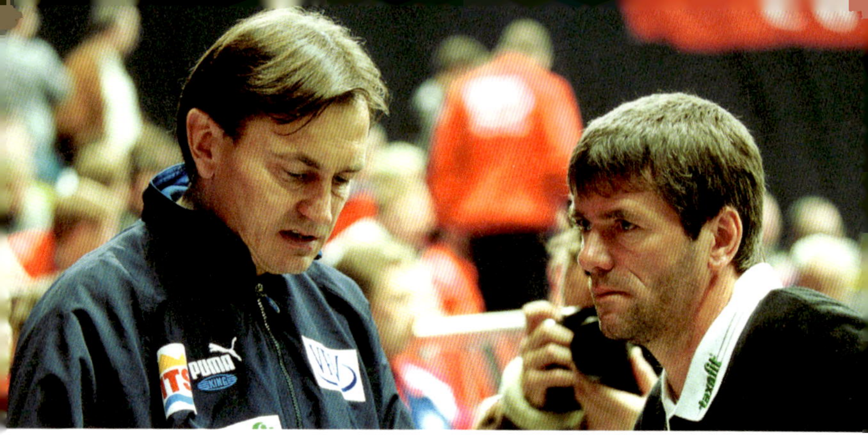

Ewald Lienen (l.) und Friedhelm Funkel sollten sich in ihren langen Karrieren noch öfter mit ihren Mannschaften begegnen.

Trainerimage schaffen beim MSV

Einige Jahre sah es so aus, als hätten Ewald Lienen und Friedhelm Funkel als Trainer Geheimklauseln in ihren Verträgen. Wenn Ewald Lienen den Verein verlassen musste, folgte ihm bald Friedhelm Funkel. Das fiel beim Auftakt in Duisburg nur nicht gleich auf, weil zunächst Hannes Bongartz als Lienen-Nachfolger von November 1994 bis Mai 96 nur bedingt erfolgreich war. Dann erst übernahm Friedhelm Funkel. Etwas später, ab 1997, begann Ewald Lienen, für zwei Jahre Hansa Rostock zu trainieren. Dort folgte ihm Friedhelm Funkel im Jahr 2000, während sein Vorgänger bereits den 1. FC Köln trainierte, wo Funkel dessen Traineramt 2002 übernahm.

Ihre Erfolge mit dem MSV begründeten für lange Zeit ihr Image in Deutschland. Lienen stand für begeisternden, variablen Konterfußball, den er auch mit einer Mannschaft von durchschnittlichen Spielern verwirklichte. Funkel dagegen wurde der Mann, der weiß, was er von seinen Spieler am besten verlangen kann. Wie Lienen setzte er auf Konterspiel, nur viel defensiver ausgerichtet. Wenn Lienens Mannschaften im Zweifel stürmten, gab es für Funkel einen Defensivspieler mehr. Im Misserfolgsfall wurde sein solider Fußball auch in Augen von Fans, was er für neutrale Zuschauer oft war: unattraktiv. Dieser Ruf änderte sich erst durch Erfolge mit Eintracht Frankfurt ab 2004.

Steil nach oben, tiefer Fall

Schon als Zweitliga-Spieler des MSV hatte Ewald Lienen ab 1989 die Amateure trainiert, im März 1993 übernahm er die Profis. Mit einem Teil der Mannschaft hatte er noch zusammengespielt. Sein erster Erfolg: Es gelang den von Uwe Reinders eingeschlagenen Aufstiegskurs zu vollenden.

Doch erst in der Bundesligasaison zeigte der MSV unter Lienen den begeisternden Konterfußball, der den Blick der Öffentlichkeit auf Duisburg lenkte. Bald hieß er für die Boulevardpresse „Zettel-Ewald". Einen Trainer, der während des Spiels sich auf einem Block Notizen machte, hatte man zuvor noch nicht gesehen. Dazu passte als Besonderheit in vielen Geschichten über ihn auch das Müsli als Teil einer sportgerechten Lebensweise, die er den Spielern nachdrücklich nahelegte.

Drei Momente werden in seiner Zeit beim MSV legendär. 1993/94 gelang am 5. Spieltag gegen den amtierenden Meister Werder Bremen ein 5:1-Auswärtssieg. Mitte Februar 94 ist der MSV als erster Verein mit einem negativen Torverhältnis Tabellenführer. Am vierten Spieltag der Folgesaison liegt der MSV im Heimspiel gegen Bayern München zur Halbzeit 0:3 zurück. In der Pause wechselt Ewald Lienen Torwart Jürgen Rollmann aus. Der fühlt sich gedemütigt. Es kommt zum Zerwürfnis, ein Vorzeichen für die misslingende Saison. Im November 1994 wird Ewald Lienen beurlaubt.

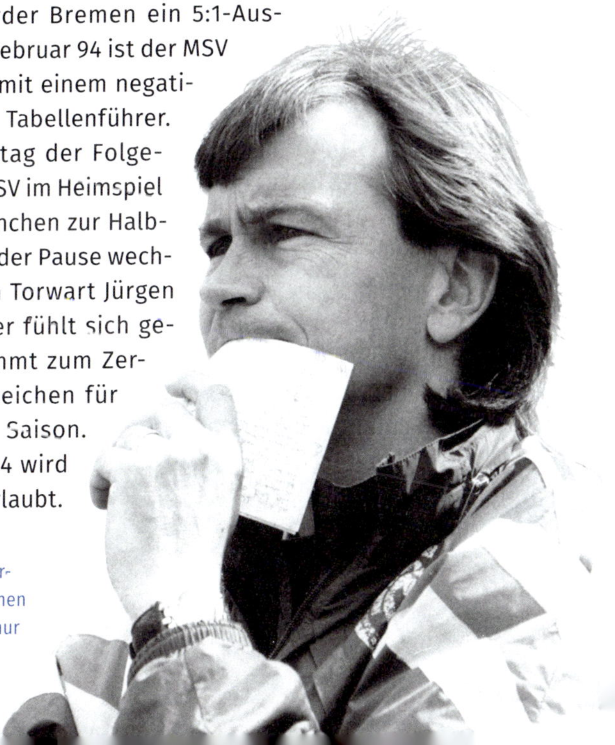

Auch nach seiner Trainerkarriere sieht Ewald Lienen wichtige Fußballspiele nur mit Zettel und Stift.

Neue Revue statt RevierSport

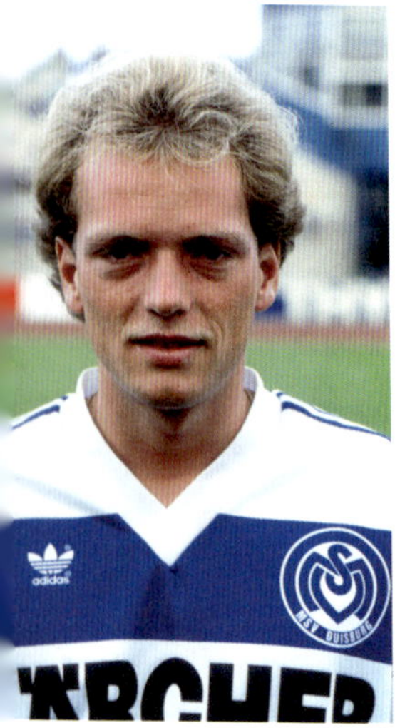

Dirk Bremser

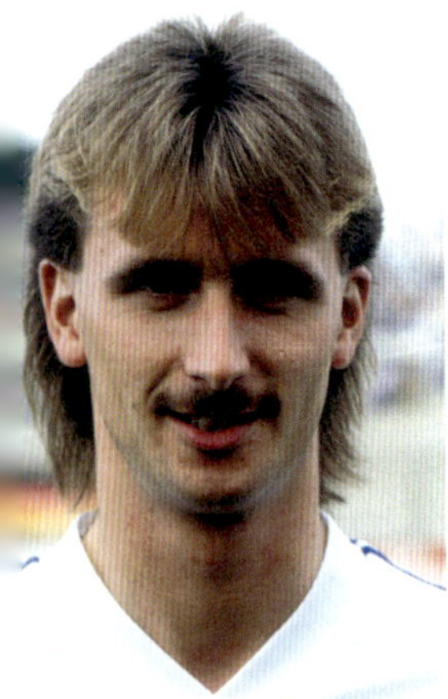

Patrick Notthoff

Auch Anfang der 90er Jahre waren viele Fußballer prominent, doch wurde über sie in Klatschmagazinen Deutschlands kaum mit der heute häufigen Skandalisierung berichtet. 1992 aber warb die „Neue Revue" auf ihrer Titelseite mit einer Affäre beim Bundesligafußballklub MSV Duisburg. In der Illustrierten gab es eine lange Tradition, erotische Eskapaden genussvoll zu erzählen. Dafür lieferten Dirk Bremser, seine Frau sowie Patrick Notthoff im Zwiespalt zwischen Freund und Geliebtem den Stoff. Schlimme Sitten in der Bundesliga! Das hatten die Leser schon immer geahnt.

Die Allerweltsliebelei kam in der ersten Bundesligasaison des MSV nach neun Jahren heraus und hatte Folgen für den Zusammenhalt der Mannschaft. Der MSV war gut gestartet. Doch nach dem zehnten Spieltag folgten 19 Spiele ohne Sieg. Trotzdem stand die Mannschaft mit hohem Durchschnittsalter wegen einiger Unentschieden noch auf Platz 7 nach der Hinrunde. In der ausgeglichenen Liga betrug der Vorsprung auf den ersten Abstiegsplatz nur vier Punkte. Die Stimmung kippte. Untereinander wurde fehlender Defensiveinsatz bemängelt. Schließlich kam das Zerwürfnis der Freunde und Zimmergenossen bei Auswärtsfahrten hinzu. Die Aufstiegsmannschaft war zerfallen. Nach der Niederlage am letzten Spieltag gegen den BVB war die Bundesliga für den MSV erstmal Intermezzo geblieben.

Der Rekordtrainer

Wie Ewald Lienen 1993 gelang auch Friedhelm Funkel 1996 der Aufstieg, für den er verpflichtet worden war. Dabei deutete wenig auf die anschließenden Erfolgsjahre hin. Am vorletzten Spieltag herrschte erst nur Enttäuschung über die 0:3-Heimniederlage gegen den abstiegsbedrohten 1. FSV Mainz 05. Doch als der Sieg des VfB Leipzig gegen die viertplatzierten Unterhachinger feststand, war der MSV auf Platz 3 uneinholbar geworden.

Nun ging es darum, endlich länger in der Bundesliga zu bleiben. Trotz des schlechten Saisonstarts glaubte Funkel an den eingeschlagenen Weg. Dem Einsatz auf dem Rasen entsprach der kämpferische Appell ans Publikum, zusammen zu stehen. Die konterlastige Spielweise mit der aggressiven Defensivarbeit schon im Mittelfeld verhalf besonders zur Auswärtsstärke. Auf dem eigenen Rasen führte das manchmal zu zähen Spielen. Kontinuierlich entwickelte Funkel die Mannschaft aber weiter. Das schnelle Spiel in die Spitze wurde immer perfekter. Einstellige Tabellenplätze waren das Ergebnis, gefolgt von zweimaliger Teilnahme am UI-Cup. Das DFB-Pokalfinale wurde 1998 erreicht.

Konflikte auf Funktionärsebene wirkten sich in der Saison 1999/2000 bis in die Mannschaft aus. Der Zusammenhalt brach. Im März 2000 wurde Friedhelm Funkel nach 46 Monaten beurlaubt. Bis heute arbeitete kein anderer Trainer so lange beim MSV.

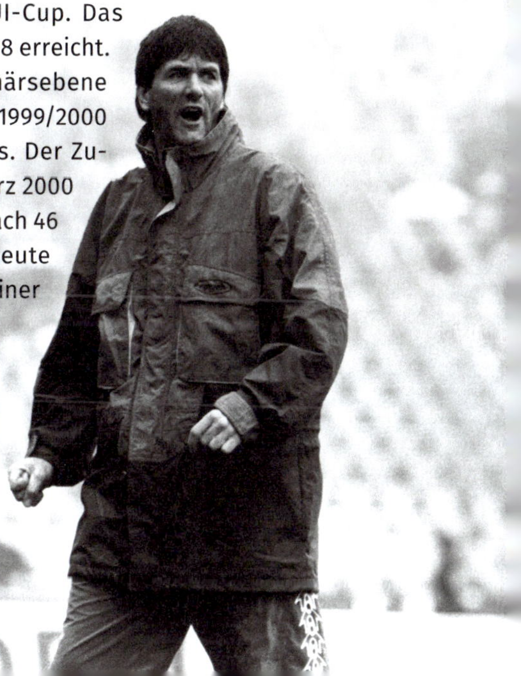

Friedhelm Funkel stieg mit sechs Vereinen aus der Zweiten Liga auf – Rekord im deutschen Fußball.

Zum MSV (oder doch nicht)

Er war Italiens Fußballer des Jahres, Leistungsträger in der tschechischen Nationalelf und gewann mit seinem Team gleich mehrfach die italienische Meisterschaft. Keine Frage, **Pavel Nedved** ist international bekannt. Was viele nicht wissen: Der tschechische Mittelfeldspieler hätte fast mal an der Wedau gespielt. 1996, als der Kicker bei Sparta Prag spielte und nur Insidern etwas sagte, stand er kurz vor der Unterschrift beim Bundesliga-Aufsteiger MSV. Die Meidericher gewährten dem 23-Jährigen Bedenkzeit bis nach der Europameisterschaft in England. Dort machte der „Blonde Engel" so von sich reden, dass er anschließend nicht ins Ruhrgebiet kam, sondern zu Lazio Rom wechselte – für 3,5 Millionen Euro.

Der Deal war bereits als perfekt gemeldet, doch dann platzte das Ausleihgeschäft mit **Duško Tošić** von Werder Bremen in letzter Sekunde. Zunächst hieß es, Bremen solle den Transfer gestoppt haben. Tatsächlich ging der serbische Außenverteidiger lieber zum Premiere-League-Klub FC Portsmouth als nach Duisburg

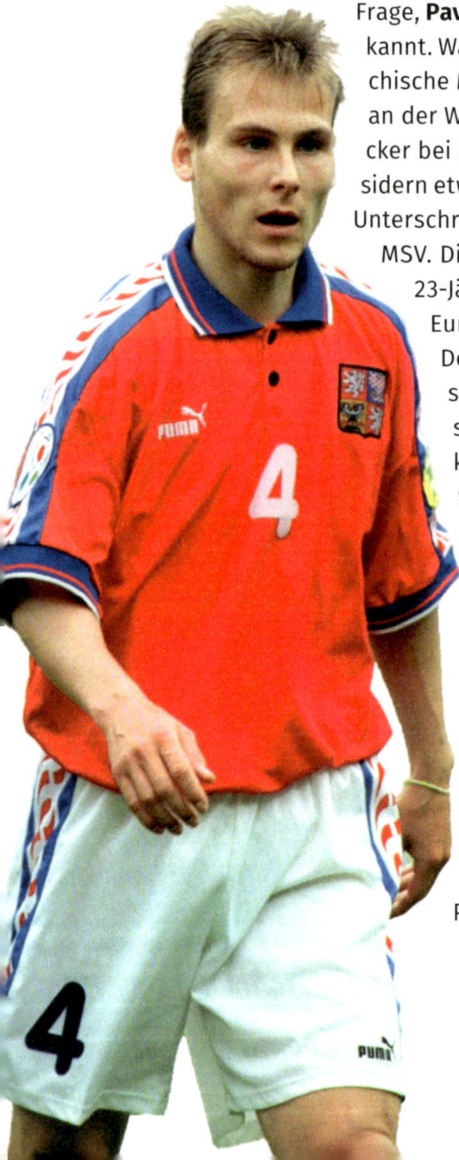

Pavel Nevded ging lieber nach Rom als nach Duisburg.

in die 2. Liga. MSV-Trainer Trainer Milan Šašić war von dem Nationalspieler nach dem geplatzten Wechsel menschlich enttäuscht. „Ich bin froh, dass er nicht da ist", sagte der Coach gegenüber „DerWesten". Auch in Bremen zeigte man sich entsetzt über Tošićs Verhalten. „Dass sich ein Spieler so verhält, haben wir noch nicht erlebt", schimpfte Werder-Manager Klaus Allofs gegenüber „DerWesten".

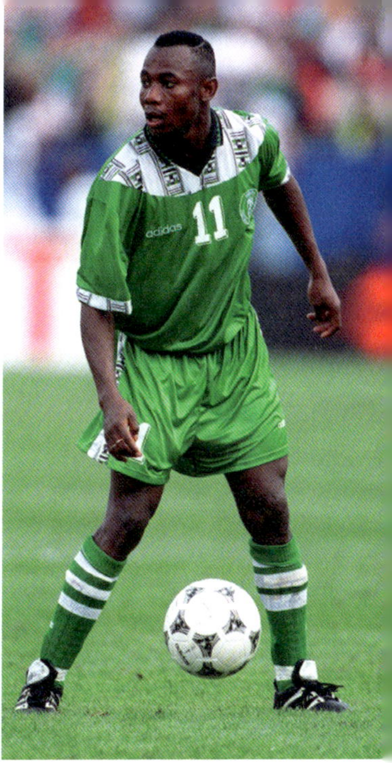

Emmanuel Ammunike weigerte sich, an der Wedau aufzulaufen.

Er wäre wohl eine sensationelle Verpflichtung geworden. Doch beim Trainingsauftakt der Saison 1994/95 warteten die Zebras vergebens auf ihn: **Emmanuel Amunike** sollte nach der Weltmeisterschaft in den USA eigentlich ein Zebra werden. Alles war eingestielt, die Verträge unterschrieben. Trotzdem kam der nigerianische Nationalspieler nie nach Duisburg. Er hatte bereits bei Sporting Lissabon unterschrieben und weigerte sich beharrlich, an der Wedau aufzulaufen. In einem Interview mit der spanischen Sportzeitung „As" erklärte Amunike im November 2020, er habe den Duisburger Trainer Ewald Lienen nach einem Freundschaftsspiel in den Niederlanden kennen gelernt und in der Begegnung „eine großartige Gelegenheit" gesehen, „den Sprung nach Europa zu wagen". Nach der WM jedoch habe ihn auch Lissabon angesprochen, und das sei „die bessere Option" gewesen. Ewald Lienen hat die Sache etwas drastischer in Erinnerung: Nach der WM habe ihn der Nigerianer angerufen und erzählt, „der liebe Gott hätte ihm gesagt, lieber zu Sporting Lissabon zu gehen – die würden ihm viel mehr Geld geben". Tatsächlich entschied am Ende die FIFA. Der MSV musste Amunike ziehen lassen, erhielt aber ein Entschädigungsgeld.

„Für immer einer von uns“

Die 1990er waren beim MSV ein Jahrzehnt, in dem alles möglich schien. Bis heute sind einige Zebras als besonders prägende Spielerpersönlichkeiten in Erinnerung geblieben. Eine Auswahl.

HINTEN

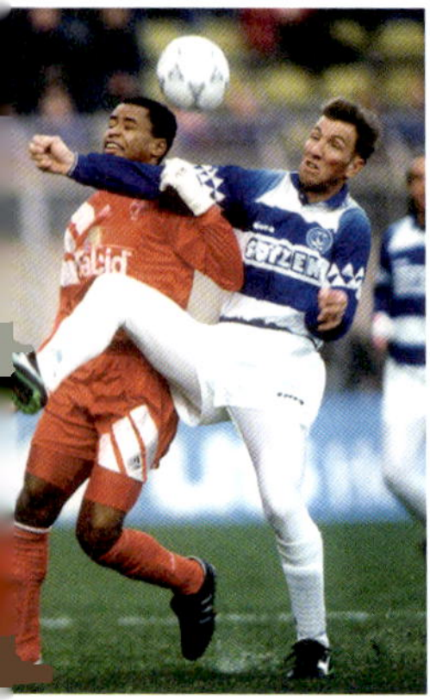

Joachim Hopp

Joachim Hopp: Stahlkocher, Kicker und DJ – Joachim Hopp ist ein echtes Duisburger Original. Acht lange Jahre und 132 Spiele wetzte Hopp im Zebra-Trikot durchs Wedaustadion und kämpfte und rackerte dabei wie seine Malocher-Kumpels am Hochofen.

Torsten Wohlert: Kickte von 1993 bis 2002 für die Zebras, stand mit dem MSV als Mannschaftskapitän im Pokalfinale 1998. Obwohl jahrelang Führungsspieler, bot der starke Manndecker den Medien wenig für die üblichen Fußballergeschichten.

MITTE

Michael Zeyer: Der Techniker mit dem Trippelgang spielte – mit Unterbrechung – von 1996 bis 2003 für die Zebras, dirigierte sein Team unermüdlich vom zentralen Mittelfeld aus. Insgesamt kam „Zico“ auf 212 Einsätze für den MSV.

Stig Töfting: Kickte zwischen 1997 und 2000 an der Wedau. Mit seiner körperbetonten Spielweise, seiner Einsatzbereitschaft und der gelebten „Arbeitermentalität“ passte der Däne perfekt nach Duisburg.

Alfred Nijhuis: Trug von 1991 bis 1997 das Zebra-Trikot. War ein Riesentyp, der beständig gute Leistungen brachte. Von sich selbst sagte der Niederländer einmal, sein großes Plus seien immer seine Mentalität und sein Fleiß gewesen.

Carsten Wolters: „Erle" spielte von 1996 bis 2007 an der Wedau, absolvierte fast 300 Spiele für den MSV. Als Wolters aufhörte, zeigten die Fans ein Transparent mit der Aufschrift: „Erle Wolters, für immer einer von uns".

Markus Osthoff: War von 1994 bis 2000 in Duisburg. Konnte mit links gefährliche Flanken schlagen. War „verdammt giftig", wie Mannschaftskollege Dietmar Hirsch sich in einem Interview für die Seite „Meine Traumelf" erinnerte: Er kenne keinen, der „so viel rumpöbelte und sich so häufig mit dem Schiedsrichter anlegte".

VORNE

Bachirou Salou: In Duisburg gelang „Bachi", der zwischen 1995 und 1998 für die Zebras kickte, der Durchbruch. Von den Fans verehrt, wurde der schnelle Togolese unter Friedhelm Funkel zu einem der besten Stürmer der Bundesliga.

Peter Közle: Gehörte wie Joachim Hopp zu dem seltenen Typ Spieler, die beides konnten: Auf dem Platz malochen und abends feiern. 1993 startete der gebürtige Bayer seine Karriere in Duisburg, war einer der Paradiesvögel des Teams und wurde dafür von den Fans verehrt. Am Ende machten ihn die MSV-Anhänger allerdings für den Misserfolg der Zebras verantwortlich. Die Geschichte mit der toten Katze, die dem Bundesliga-Profi als Mahnung an die Tür genagelt worden sein soll, ist allerdings frei erfunden.

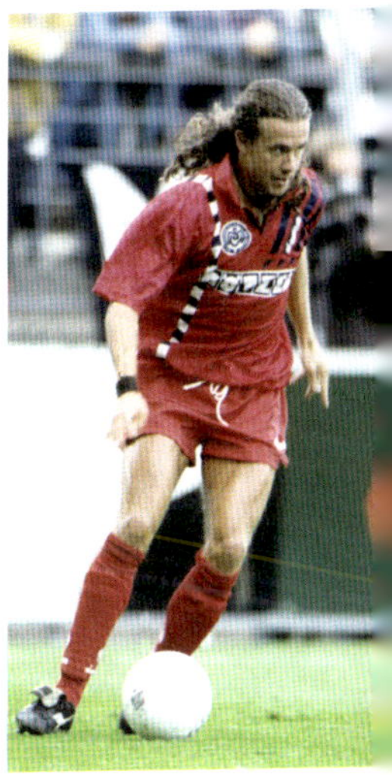

Peter Közle

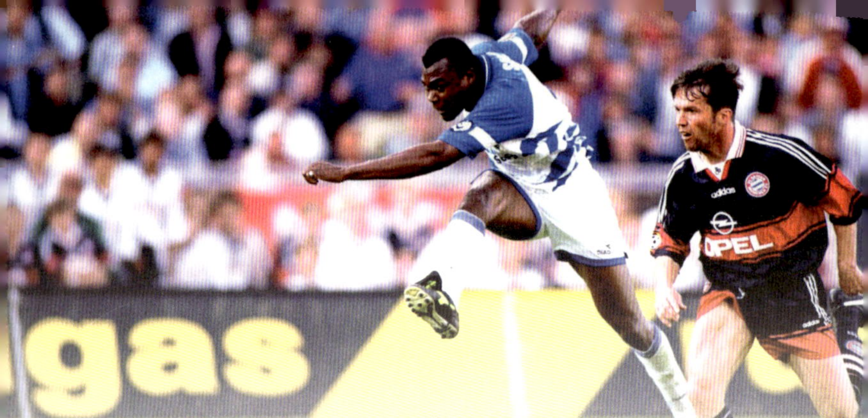

Der Moment der Verzweiflung

Pokalfinale 1998. Im Berliner Olympiastadion läuft die zweite Halbzeit. Es steht 1:0 für die Zebras gegen den großen FC Bayern München, und zu diesem Zeitpunkt scheint für den Underdog aus dem Ruhrpott alles möglich. Doch dann passiert es: Michael Tarnat rast heran, säbelt Bachirou Salou brutal von hinten um. Salou, der in der 20. Minute das 1:0 für den MSV geschossen und dabei – wie es der TV-Kommentator beschrieb – „Lothar Matthäus auf zehn Metern drei abgenommen“ hatte, wird minutenlang behandelt. Doch es geht nicht mehr. In der 73. Minute geht der beste Duisburger vom Platz.

Salous Aus, es ist auch das Aus für den MSV an diesem Tag. Noch während „Bachis“ Wade am Spielfeldrand getackert wird, fällt der Ausgleich. Dann beendet der Siegtreffer von Basler – eine Minute vor Schluss! – alle Duisburger Träume.

Niemals waren sie so nah am Pokalsieg, niemals tat eine Niederlage gegen die Bayern so weh. Die Fans haben Michael Tarnat das bis heute nicht verziehen. Ausgerechnet der ehemalige Duisburger habe Salou „kaputtgetreten“, sagen sie.

Salou hingegen ist mit sich und dem Finale im Reinen. Das Foul sei keine Absicht gewesen, erklärte der Togolese 2011 im „Tagesspiegel“-Interview. Wenn er Tarnat treffe, würden sie gemeinsam lachen, erzählte Salou. „Ich sage immer: Du hast unseren Pott geklaut.“

Ein symbolträchtiges Stück Stoff

Sie ist eine der bekanntesten Blockfahnen des MSV, wurde für die „Herz numa hier“-Aktion sogar zum Postkartenmotiv: Die Fahne „Galopp – Die Zebras kommen!“ wurde in den 1990er Jahren regelmäßig gezeigt. Damals war das gute Stück als „Götzen-Fahne” bekannt, denn unter dem Schriftzug prangte das Logo des damaligen MSV-Sponsors.

Während des Stadionumbaus ging die Fahne dann „verschütt“ und tauchte erst Mitte der 2000er Jahre wieder auf. 400 Euro gaben damals zwei Fanclubs aus, um die Fahne einem Getränkehändler abzukaufen. Zur Choreo „Unsere Spuren in der Bundesliga” war die Fahne in der Saison 2005/06 das erste Mal wieder in der „Nord” zu sehen. Freilich ohne den „Götzen”-Schriftzug, der zuvor entfernt werden musste.

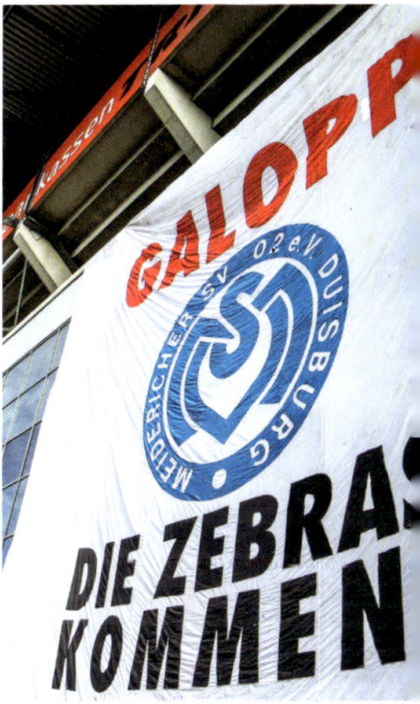

Ging „verschütt“ und tauchte dann wieder auf: die „Götzen“-Blockfahne

Seitdem wird das symbolträchtige Stück Stoff für besondere Choreografien und für gute Zwecke verwendet. So war die Fahne zwischen 2008 und 2017 beim Andreas-Görkes-Cup im Einsatz, der zu Ehren des verstorbenen MSV-Fans einmal im Jahr ausgerichtet wird.

Auch beim Heimspiel gegen 1860 München Anfang März 2021, als wegen der Corona-Pandemie keine Fans ins Stadion durften, begrüßte die Fahne die Mannschaft: Weiß über allem strahlend, war sie von außen an der Tribüne aufgehängt. Im Zusammenspiel mit den hupenden Fans auf dem Stadionvorplatz sorgte sie für so manche Gänsehaut.

Jonglage mit unterschiedlichen Interessen

Zwischen Juli 2002 und Oktober 2010 bestimmte Walter Hellmich die Geschicke des MSV. Mit dem Wissen um die Folgen wird leicht vergessen, wieviel Beifall der Bauunternehmer beim Betreten der MSV-Bühne erhielt. Der Verein nahm gerade die schon länger geplante Professionalisierung vor. Am 14. August 2001 wurde die Auslagerung des Profibetriebs aus dem Verein in eine Spielbetriebsgesellschaft (KgaA) auf der Jahreshauptversammlung beschlossen. Zugleich nahm der Traum vom Stadionneubau mit Investoren und Finanzplan konkrete Formen an. Ab Oktober gehörte Walter Hellmich dem Aufsichtsrat an, Vorsitzender des Vereins und des Aufsichtsrats der KGaA wurde er wenig später.

Walter Hellmich (Mitte) bei der Vorstellung des neuen Stadionnamens „Schauinsland-Reisen-Arena", links Roland Kentsch (Geschäftsführer Duisburg), rechts Gerald Kassner (Schauinsland)

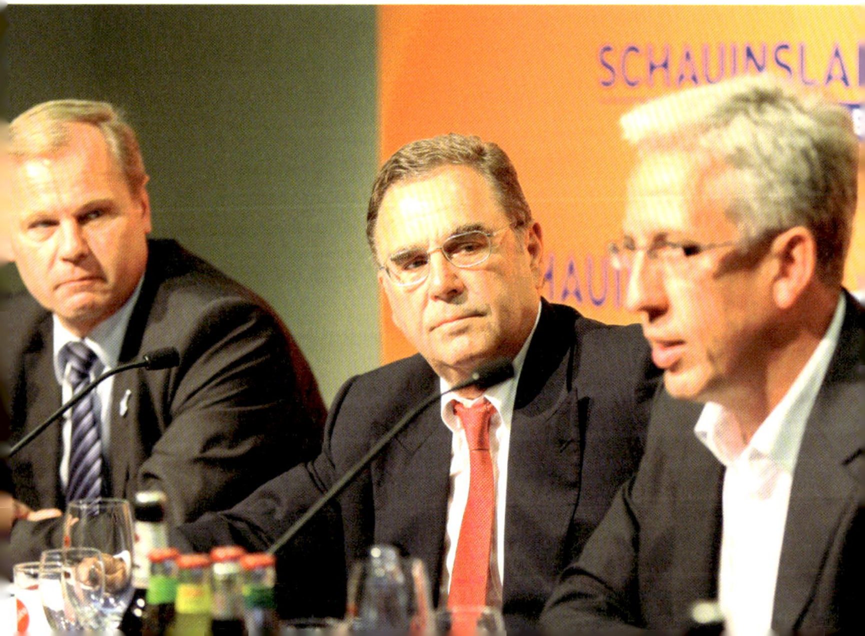

Ein Partriarch besaß nun unkontrollierte Macht, um den MSV sportlich erfolgreich zu machen und dabei die eigenen wirtschaftlichen Interessen im Auge zu behalten. Zunächst schien beides zu gelingen. An der Arena hielt er nicht nur Anteile, sie wurde zum Referenzobjekt für weitere Stadien in seinem Auftrag. Auf Duisburgs Baustellen wehten die Hellmich-Flaggen, und das Unternehmen von Sohn Marc bekam von der KGaA einen guten Marketing-Vertrag. Der MSV wurde währenddessen konkurrenzfähig in der neuen Fußballwelt, die sich Ende der 90er Jahre mit immer mehr TV-Geld anbahnte. Namhafte Spieler kamen. Der erste Bundesligaaufstieg gelang 2005.

Walter Hellmich sah den MSV zukünftig als dritte Kraft im Revier. Bei der Neuverpflichtung des Brasilianers Maicon sagte er, der werde in ein paar Jahren für 10 Millionen zu Inter Mailand verkauft. Dabei ließ es sich Walter Hellmich nicht nehmen, auch sportliche Belange selbst zu entscheiden. Ob dann wie etwa bei Ailton das Leistungsvermögen oder die Prominenz den Ausschlag gaben, sei dahingestellt. Über den Kopf vom damaligen Sportdirektor Bruno Hübner hinweg machte er Peter Neururer zum neuen Trainer.

Problematisch wurde es für den MSV, als die für die hohe Stadionmiete nötige dauerhafte Bundesligazugehörigkeit ausblieb. Die finanziellen Schwierigkeiten wurden immer größer. In den Zweitligajahren ab 2008 meldete sich unter Fans eine immer stärkere Opposition zu Wort. Doch das Schicksal des MSV war untrennbar mit der Hellmich-Familie verbunden. Zu dicht waren die wirtschaftlichen Verflechtungen. Sein Rücktritt vom Vereinsvorsitz im Oktober 2010 war ein Zeichen der Befriedung. Doch seine Macht schien durch loyale Aufsichtsratsmitglieder und dem von ihm eingesetzten MSV-Geschäftsführer Roland Kentsch erhalten geblieben. Wie es unter machtbewussten Männern aber oft ist, spielte der sein eigenes Spiel. Der Lizenzentzug 2013 war die Folge. Zugleich war das der erste Hieb, um den gordischen Knoten zwischen Walter Hellmich und dem MSV zu durchtrennen.

Aufstieg in zwei Akten

In der Saison 2004/05 war die Partie gegen Wacker Burghausen der Meilenstein für den Aufstieg der Zebras in Liga eins. Denn drei Spieltage vor Schluss standen die Meidericher „nur“ auf dem zweiten Tabellenplatz. Gegen Burghausen mussten also drei Punkte her. Doch die Bayern markierten bereits nach wenigen Minuten das 1:0. In der 15. Minute glich Dirk Lottner aus, doch dann fielen noch zwei Tore für Burghausen. War es das etwa mit dem Aufstieg? Von wegen! In der zweiten Hälfte machte erst Aziz Ahanfouf zwei Tore, dann traf Markus Kurth in der 86. Minute zum 4:3. Die Kurve in Ekstase! „Steigt Duisburg jetzt auf?“ wurde Kurth nach dem Abpfiff gefragt. „Ja“, hauchte er ins Mikro. Und so kam es auch.

Denn in Frankfurt gewannen die Zebras mit 1:0 – wieder traf Ahanfouf. Mit den acht Punkten Vorsprung zum TSV 1860 München auf Platz vier war der Aufstieg bereits jetzt perfekt. Zurück in Liga eins – die Stadt stand Kopf. Mitten in der Nacht fuhren die Fans Richtung Stadion. Als die Mannschaft gegen zwei Uhr eintraf, standen tausende in der Kurve. Bis zum Morgen feierten sie ihre Erste-Klasse-Zebras.

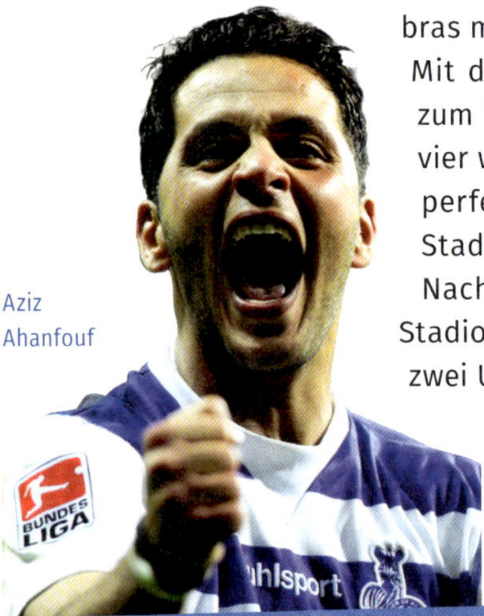

Aziz Ahanfouf

Eigentlich sollte der Zebra-Bus nach dem Frankfurt-Spiel an die Westender Straße fahren. Als die Nachricht kam, dass sich gerade tausende Fans an der Arena versammelten, fuhr man kurzerhand zum Stadion, um mitzufeiern.

Schlechter als die Summe der Teile

Der MSV spielte als Neuling in der Bundesliga 2007/08 oft nicht so stark, wie es die Leistungsdaten der Spieler versprachen. Schon die von Rudi Bommer trainierte Mannschaft der Aufstiegssaison hatte nicht immer den Eindruck gemacht, sie folge als verschworene Einheit einem Ziel. Damals hieß es in einem Porträt, Rudi Bommer genüge eine Zweckgemeinschaft im Gegenwartsfußball als Team. Der gefeierte 3:1-Sieg beim BVB am ersten Spieltag schien ihn zu bestätigen.

Doch bald wirkte es oft, als könnten die Spieler nicht ihr Potenzial abrufen, auch wenn Ivo Grlic, Mihai Tararache, Tobias Willi und Klemen Lavrič den Abstiegskampf zwei Jahre zuvor schon kennengelernt hatten. Neuzugänge wie der bulgarische Nationalspieler Blagoy Georgiev im offensiven Mittelfeld, der auf dem Flügel wirbelnde Mannaseh Ishiaku, oder der brasilianische Weltmeister von 2002 Roque Júnior zeigten zwar ihre Klasse, doch die Mannschaft entwickelte keine Konstanz. Auch der junge Brasilianer Maicon ließ seine technische Qualität immer nur aufblitzen. Als Rechtsverteidiger blieb Michael Lamey vom PSV Eindhoven kommend unter den Erwartungen. Der schwache Aílton zeigte sich ohne Einsatz genervt. Wahrscheinlich gab es in einem Kader, der über die Saison hinweg insgesamt 38 Spieler umfasste, doch zu viel Zweck und zu wenig Gemeinschaft, um den Abstieg zu verhindern.

Beim MSV konnte Ailton nicht an alte Leistungen anknüpfen.

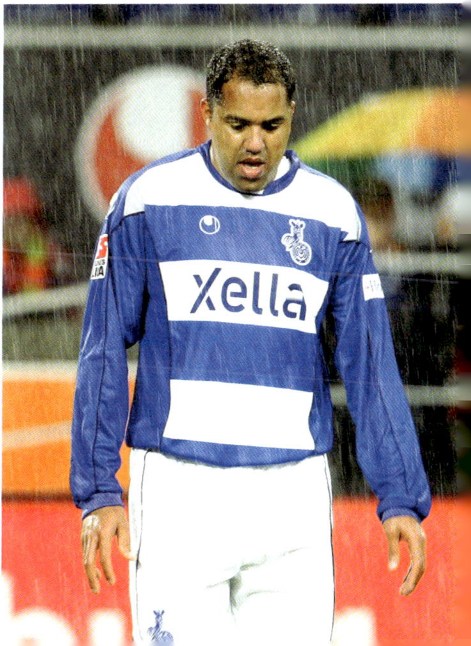

Der Ruf der „Königlichen“

Im Februar 2007 kursierte die Meldung, Real Madrid interessiere sich für Klemen Lavrič. Die „Königlichen“, so hieß es, wollten den Duisburger Stürmer für 2,5 Millionen Euro verpflichten. „Ist das ein Witz?“, fragte sich wohl nicht nur Lavrič selbst. Doch MSV-Präsident Walter Hellmich bestätigte das Angebot: Es habe tatsächlich eine Anfrage gegeben.

Von wem oder was Hellmich „angefragt“ wurde, ist bis heute nicht geklärt. Real war's jedenfalls nicht. Er wisse nicht, woher die Nachricht stamme, sagte Madrids damaliger Sportdirektor, Predrag Mijatović. „Man sollte den MSV-Präsidenten mal fragen, mit wem er denn gesprochen hat. Vielleicht ist er einem Scherz aufgesessen.“ Ein Scherz? Vielleicht von der deutschen „Titanic“? Die Satirezeitung wurde in Fußballforen bald als Urheber des angeblichen Angebots genannt. Doch auch die Titanic dementierte. Tatsächlich erschien nie ein Artikel zum Thema.

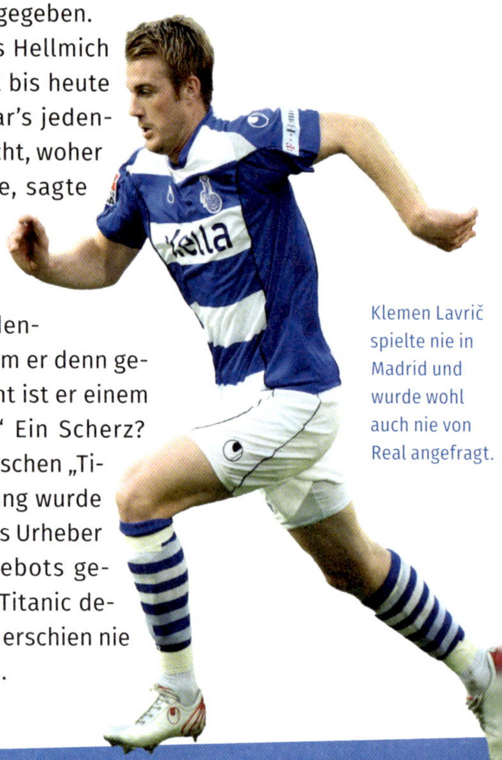

Klemen Lavrič spielte nie in Madrid und wurde wohl auch nie von Real angefragt.

Klemen Lavrič schoss fast 70 Tore für den MSV und war 2006/07 maßgeblich am sofortigen Wiederaufstieg der Zebras in die 1. Liga beteiligt. Doch seine Zeit in Duisburg endete unschön. Nachdem er sich mit Trainer Rudi Bommer überworfen hatte, wurde Lavrič suspendiert. Er kehrte zwar trotzdem kurzfristig in die Mannschaft zurück, wechselte aber nach Japan.

Pures Glück und großer Schmerz

Julian Koch – in diesem Namen verbinden sich pures Glück und großer Schmerz. Denn Koch war ein Ausnahmespieler, erlebte im Zebra-Dress aber ein echtes Drama. Der erst 20-Jährige, der vom BVB als Leihe kam, um in der 2. Liga Spielpraxis zu sammeln, wurde in Duisburg zum großen Aufsteiger der Saison 2010/11. Egal ob hinten rechts oder mittendrin – auf dem Platz zeigte der Blondschopf herausragende Leistungen. Coach Šašić sah ihn mittelfristig sogar in der Nationalelf.

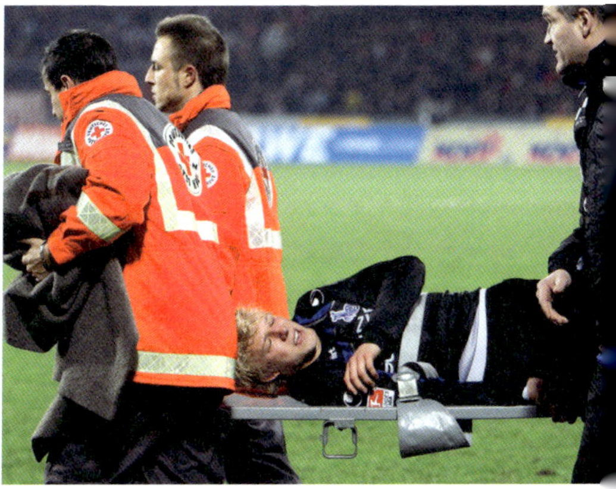

Julian Koch – das tat weh!

Dorthin hätte Koch es wohl auch geschafft – wäre nicht dieser trübe Februartag 2011 gewesen. Im Spiel bei Rot-Weiß Oberhausen verdrehte sich Koch das Knie. Kreuzbandriss, hieß es zunächst. Tatsächlich entwickelte sich aber ein Kompartment-Syndrom, das Koch beinahe seinen rechten Unterschenkel gekostet hätte. Die Amputation konnte verhindert werden, doch die Verletzung warf Koch in seiner Karriere zurück. Nach seiner Rückkehr zum BVB fiel er die gesamte Saison 2011/12 aus. Ein Jahr später kam er zwar abermals als Leihe wieder nach Duisburg. Doch an seine alten Leistungen konnte er nie wieder anknüpfen.

Nach dem DFB-Pokalhalbfinale gegen Cottbus sendeten die MSV-Spieler ihrem verletzten Teamkollegen besondere Genesungswünsche: Sie hielten ein Schild mit dem Schriftzug „Alles Gute, Jule“ in die Fankurve.

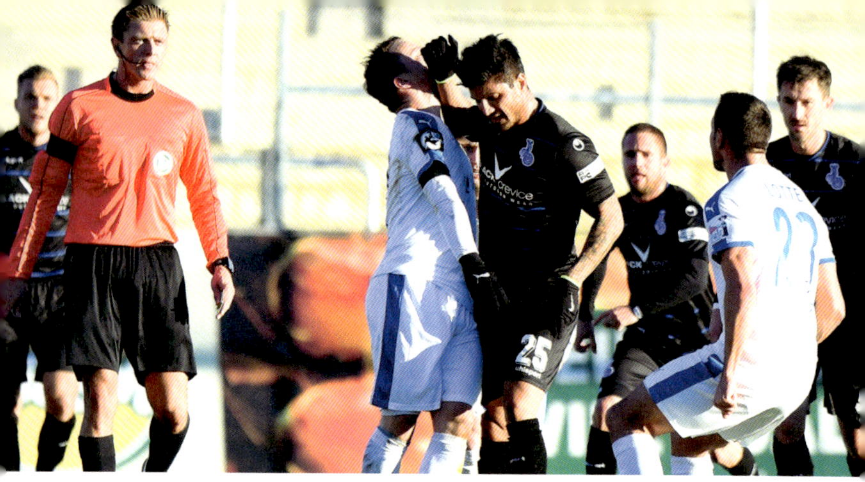

Obwohl Barış Özbek schon in der 27. Minute die Rote Karte sah, gewann der MSV das Spiel gegen die SF Lotte mit 2:0.

Karrierewendungen

Manche sportliche Karriere hatte klare Wendepunkte – zumindest für die Zukunft beim MSV. Necat Aygün war auf Betreiben des neuen Trainers Jürgen Kohler in der Winterpause 2005/06 verpflichtet worden. Am 4. Februar spielte der MSV als 16. in der Tabelle gegen den 18., den 1. FC Kaiserslautern. Bei der Einwechslung von Necat Aygün in der 73. Minute führten die Zebras 2:0. Nach sechs Minuten berührte er den Ball zum ersten Mal, um ihn beim Dribbling am Rand des eigenen Strafraums gegen Daniel Halfar gleich wieder zu verlieren. Der Stürmer nutzte das zum Anschlusstreffer. Zwei Minuten später ließ er sich an fast derselben Stelle vom selben Spieler widerstandslos überlaufen und ermöglichte den Ausgleich. Das Unentschieden als gefühlte Niederlage war ein großer Schritt Richtung Abstieg. Nach Kohlers schneller Entlassung im April kam er nur noch in der Zweiten Mannschaft zum Einsatz.

Im Spiel gegen die Sportfreunde Lotte wendete sich am 4. Dezember 2016 auch für Barış Özbek das Schicksal beim MSV. Er hatte sich nach Anlaufschwierigkeiten zu Saisonbeginn gerade wieder einen Stammplatz erspielt. In der 26. Minute erhielt er für eine Tätlichkeit die Rote Karte. Anschließend glich das Geschehen einer Szene aus einem Westernklassiker. Ein Cowboy im Saloon schubst und rempelt sich durch die Menge einen Weg nach draußen frei. Der DFB konnte der Filmparodie nichts abgewinnen und sperrte Özbek für acht Spiele. Er verlor den Stammplatz, und am Ende der Saison wurde sein Vertrag nicht verlängert.

Noch drastischer wirkte der sogar zweifelhafte Platzverweis für Fernando Ávalos 2008 beim Saisonauftakt gegen Hansa Rostock. Fortan erhielt der Innenverteidiger mit der für die Position ungewöhnlichen Größe von 1,76 m und der Statur eines Ringers von Trainer Rudi Bommer keine einzige Einsatzminute mehr. Ein Jahr später war er einer von vier Spielern, die auf Geheiß von Bommer-Nachfolger Peter Neururer gehen konnten.

In dieser Reihe darf die Mutter aller deutschen Kopfstoß-schauspiele vom Dezember 2005 nicht fehlen. Im Nachholspiel gegen den 1. FC Köln baute sich fünf Minuten vor Schluss der Kölner Albert Streit vor dem wütenden Trainer Norbert Meier an der Seitenlinie auf. Der befreite sich aus der aufdringlichen Nähe mit einem Kopfstoß. Seine amateurhafte Darstellung, selbst Opfer geworden zu sein, wurde vom ebenso stümperhaften Schmerzschauspiel Streits ergänzt. Dieser schauspielerischen Farce folgte Meiers Beurlaubung, die Jürgen Kohlers viermonatige Trainerirrungen beim MSV erst ermöglichte. Albert Streit aber fand Geschmack am Schauspiel und gab sowohl beim FC Schalke 04 als auch bei Viktoria Köln die hochbezahlte Rolle des vom Trainer am Einsatz gehinderten Fußballers auf der Tribüne.

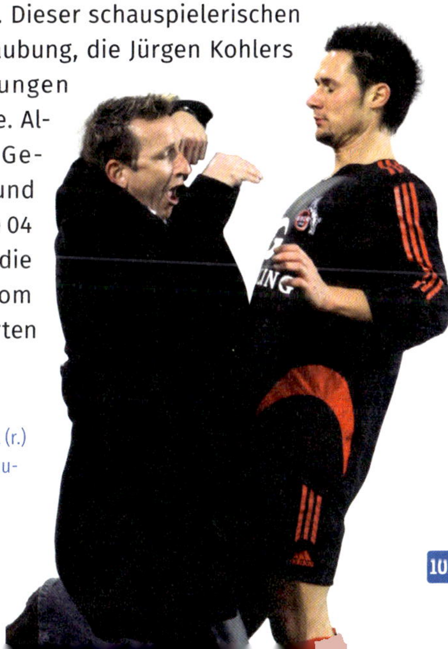

Verzögert erst ließ sich Albert Streit (r.) fallen, als Norbert Meier schon schauspielerisch alles gab

Das Phantomtor

Als Zebra-Fan fühlt man sich von Schiris ja oft benachteiligt. Eine der kuriosesten Fehlentscheidungen des deutschen Profifußballs wurde allerdings zugunsten des MSV getroffen – am 17. Januar 2010 in der Zweitliga-Partie gegen den FSV Frankfurt.

„Und jetzt die Szene für Ihren Videorekorder", leitet der Kommentator des Deutschen Sportfernsehens (DSF) die 81. Minute ein. Auf dem Bildschirm sieht man, wie Christian Tiffert den Ball an die Latte (!) des Frankfurter Gehäuses knallt. Ganz sicher kein Tor. Doch das Schiedsrichtergespann um Marco Fritz sieht es anders, gibt den Treffer, der keiner war.

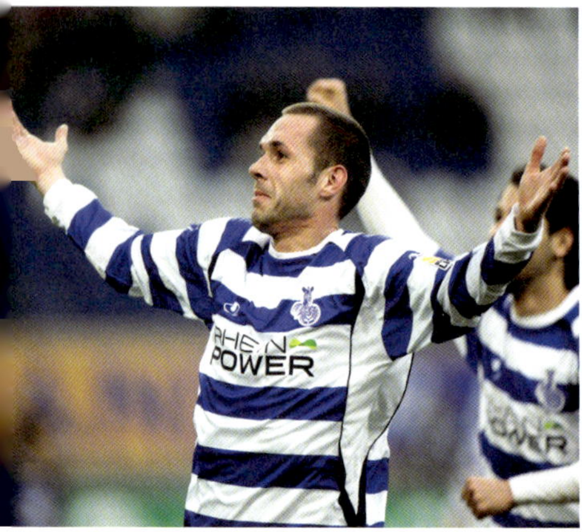

Der war doch nicht drin? „Torschütze" Christian Tiffert glaubt es selber nicht.

„Und jetzt achten Sie mal auf die Gesichter!" Der DSF-Kommentator ist außer sich. „Was war das denn?! Was war das denn? Die lachen sich eins. Das gibt's doch gar nicht. Das soll ein Tor gewesen sein? Kopfschütteln bei allen hier im Stadion, bei ALLEN, keiner glaubt's!" Im Bild zu sehen ist „Torschütze" Christian Tiffert, der zaghaft jubelt.

Nach dem Abpfiff ärgern sich die deutschen Schiedsrichter-Bosse schwarz über den „gravierenden Fehler" von Referee Fritz. Der FSV aber verzichtet auf einen Protest. Zum Zeitpunkt des Tores hatte es bereits 4:0 für den MSV gestanden. Als fairer Verlierer beweist Frankfurt zudem Galgenhumor. „So kommen wir wenigstens in jedem Jahresrückblick vor", tröstete sich der FSV-Geschäftsführer.

Als eine Ente „Ennatz“ die Show stahl

Ennatz, 2005 „geboren“, ist das beste Maskottchen der Welt. Da sind sich die MSV-Fans einig. Einmal jedoch lief eine Ente dem Zebra den Rang ab. Und zwar beim letzten Heimspiel der Zweitliga-Saison 2009/2010. 0:1 hieß es am Ende gegen den Karlsruher SC, und die Fans erlebten die Niederlage als den quälenden Abschluss einer verkorksten Saison.

Lange Gesichter, Enttäuschung pur. Doch vereint im kollektiven Frust fingen die Fans irgendwann zu feiern an. Freilich nicht die Mannschaft. Sondern eine Ente. Das quietschgelbe Maskottchen, das mit einer überdimensionalen Sonnenbrille auf dem Schnabel durchs Stadion wackelte, war in der Arena zu Gast, um Werbung für einen Wohltätigkeits-Event am Innenhafen zu machen.

Mit solch einer Aufmerksamkeit hatten die Initiatoren aber wohl nicht gerechnet: Die MSV-Fans dichteten spontan ein ums andere Stadionlied um und sangen im Chor: „Ente, Du bist ein Duisburger!“, „Hurra, die Ente, die ist da!“, „Ente aufn Zaun!“ oder „Außer Ente könnt ihr alle gehen!“. Der Ente gefiel's: Sie stimmte, mit MSV-Schal und -Fahne ausgestattet, die La Ola an. Am Ende taten Saison und Niederlage so zwar nicht weniger weh. Aber für viele MSV-Anhänger bleibt die Ente, die Maskottchen Ennatz den Rang ablief, ein echtes Highlight.

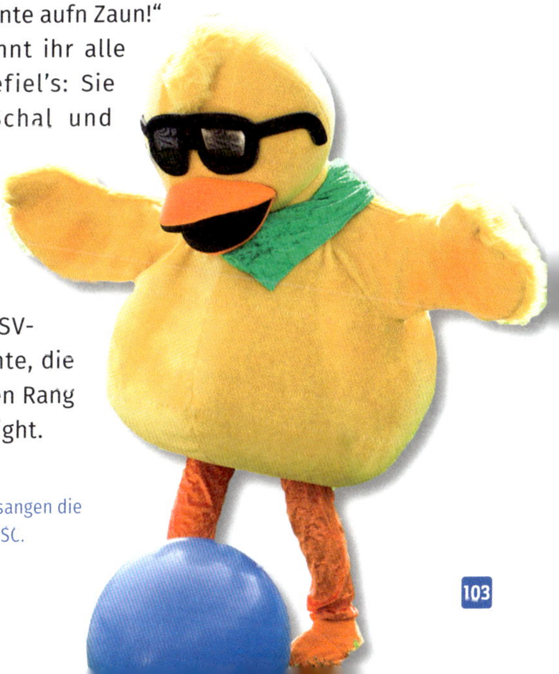

„Ente, du bist ein Duisburger“, sangen die MSV-Fans beim 0:1 gegen den KSC.

Betäubt nach hartem Niederschlag

Wo warst du, als dem MSV die Lizenz für die 2. Liga verweigert wurde? Für MSV-Fans ist das die 9/11-Frage. Am späten Nachmittag des 29. Mai 2013 verbreitete sich die Nachricht in kurzer Zeit, so dass schon bald etwa 500 MSV-Fans vor der Arena standen. Die Stimmung war gereizt. Eine Hellmich-Fahne brannte. Ein Stadiontor wurde gestürmt. Böller flogen gegen die Glasscheiben der Arena. Nachdem die Polizei mit einer Hundertschaft anrückte, beruhigte sich die Lage. In den nächsten Tagen aber wurde aus aggressiver Wut die positive Energie des Beistands. „Streifen zeigen" hieß es, und unzählige Fan-Aktionen zeigten die Bedeutung des MSV für viel mehr Menschen als gedacht.

Die finanzielle Lage des Vereins war seit dem Abstieg aus der Bundesliga 2008 prekär. Vor allem die Stadionmiete war zu hoch. Schulden wuchsen und jedes neue Lizenzierungsverfahren war ein Ritt auf der Rasierklinge. In den Kalkulationen für die jeweils kommende Spielzeit ergaben sich Deckungslücken. Die im Jahr 2013 wurde erst unter größtem Zeitdruck geschlossen. Für eine gründliche Fehlerprüfung blieb keine Zeit mehr. Mit der Folge, dass die DFL für die Lizenzunterlagen 15 Mängel auflistete. Drei davon waren mit ihren Fehlsummen so schwerwiegend, dass sie wie ein Affront für die Prüfungskommission wirkten.

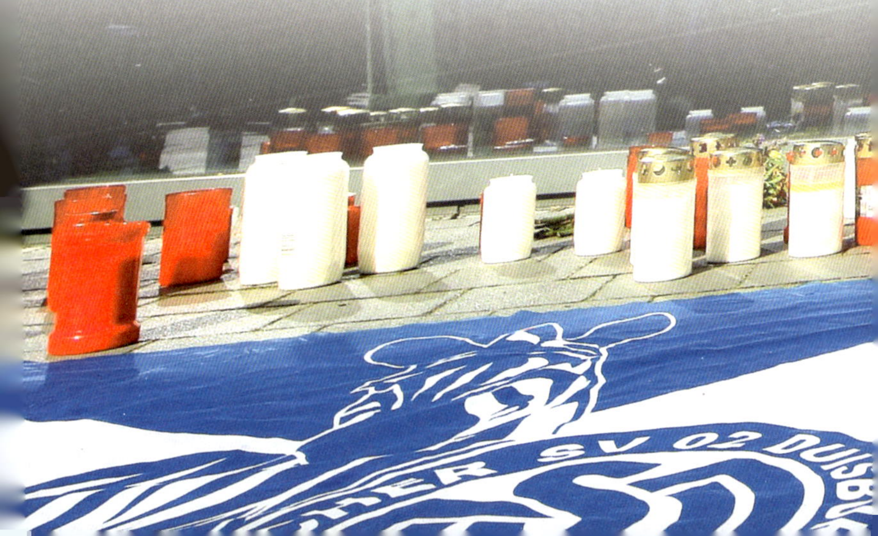

Am nächsten Tag, Fronleichnam, warteten dieses Mal etwa 2.000 Fans vor der Arena auf Neuigkeiten vom Verein. Lange konnte der Vorsitzende Udo Kirmse nicht ungestört sprechen. Schnell war klar, der Vorstand wusste nur wenig mehr als die Fans. Die mündliche Verhandlung wäre nur eine „Formsache", so hatte Geschäftsführer Roland Kentsch ihn beruhigt. Nun schaltete sich der Vorstand ins operative Geschäft mit ein.

Einspruch wurde eingelegt, das fehlende Geld nachgewiesen und Roland Kentsch beurlaubt. Der MSV, in dem zuvor die Spielbetriebsgesellschaft und der Verein nicht immer an einem Strang zogen, fand zur Einheit. Zugleich war Trainingsauftakt für die Mannschaft von Kosta Runjaic. Erstmal wurde weitergearbeitet, so gut es eben ging. Am Tag vor dem Schiedsgerichtsentscheid gewann der MSV ein erstes Testspiel gegen den KFC Uerdingen mit 2:0. Dann fuhr die Mannschaft am Abend zum Stadion, wo sich wie jeden Tag Fans versammelt hatten, wo Kerzen aufgestellt waren und Peter Burschs All Star Band auftrat. Nur das Warten auf den nächsten Tag blieb. Manchen ereilte schon die Melancholie des Abschieds.

An jenem 19. Juni wurde der Einspruch abgelehnt. Die Arbeit der Verantwortlichen beim MSV begann nun erst richtig. Eine Spielberechtigung für die 3. Liga zu erhalten, das war sehr viel schwieriger als alles, was bis dahin hatte geleistet werden müssen für die Zweite oder Erste Liga.

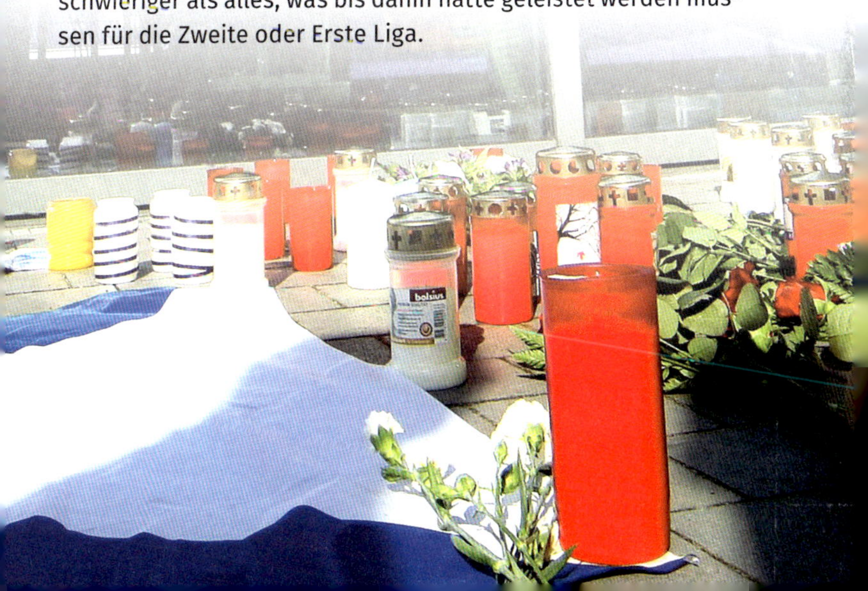

Die einzige ganz große Liebe

Die MSV-Fans gelten als kritisch. Die Wahrheit aber ist, die Duisburger Anhänger sind besonders leidenschaftlich. Sie halten treu zu ihrem Verein und stehen vor allem dann zusammen, wenn es schwierig wird. Drei Beispiele.

2011: POKALFINALE

Es war der ganz große Traum. Einmal den Pokal gewinnen – und dann noch gegen Schalke. Aber am 22. Mai 2011 steht im Berliner Olympiastadion schon früh fest: Das wird nichts mehr. 0:5 liegt der MSV hinten. Doch statt sich auf- und dem Schmerz hinzugeben, fangen die Zebra-Fans ab der 70. Minute zu singen an. Sie feiern und klatschen, bis schließlich alle auf den Rängen stehen. „Ole ole, ole, ole, ole, Meidericher SV, Meidericher SV, Meidericher SV“ singen sie, immer wieder, minutenlang, auch nach dem Schlusspfiff, sie hören einfach nicht auf. Das Spiel ist verloren, aber diese Fans, sie leben, und im Miteinander finden sie nicht nur Trost, sondern fühlen auch Stolz: Seht her, wir sind Zebras weiß-blau, unser Club, der MSV! Und wir stehen für euch immer hier.

2013: ZWANGSABSTIEG

Als sich die Nachricht verbreitet, dass die DFL dem MSV die Lizenz verweigert hat, machen sich Wut und Verzweiflung unter den MSV-Anhängern breit. Da ist es wieder, dieses Gefühl, nichts geht mehr. Doch die Fans stehen auf, machen das, was sie „aufm Platz“ auch von ihren Kickern erwarten: Kämpfen und siegen! Am Stadion finden Mahnwachen statt, und es gibt einen Protestmarsch, zu dem 6.000 Menschen kommen. Ganz Duisburg trägt Zebrastreifen, überall wehen MSV-Fahnen – wahrscheinlich so viele wie nie zuvor in dieser Stadt, die gerade jetzt so trotzig und so voller Liebe zu ihrem Club steht, dass Fußballfans aus ganz Deutschland warm ums Herz wird. Die DFL interessiert das frei-

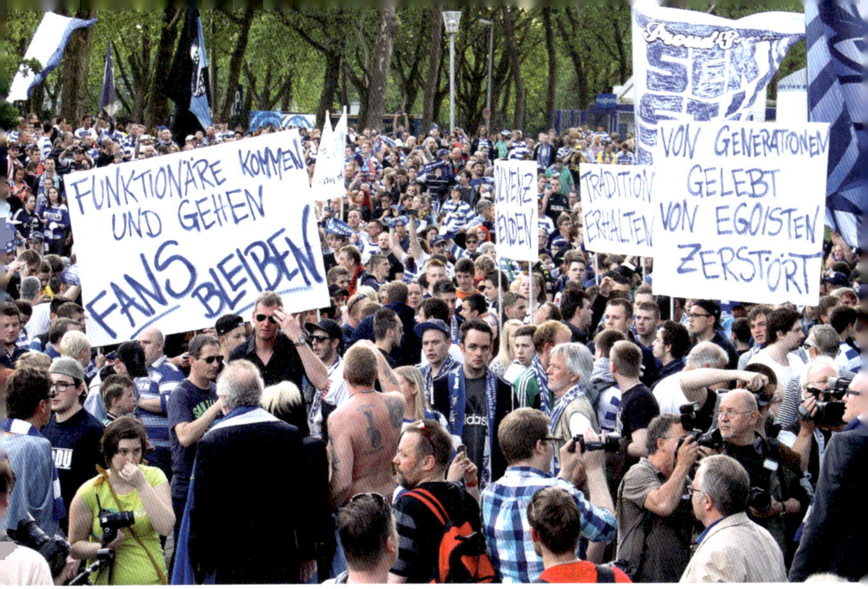

Als die DFL dem MSV die Lizenz verweigerte, starteten die Fans zahlreiche Protestaktionen, unter anderem einen Marsch, an dem sich tausende Menschen beteiligten.

lich nicht, der MSV steigt in die 3. Liga ab. Aber die Menschen in Duisburg sind dankbar. Dass ihr MSV so lebendig ist wie selten zuvor. Es ist auch ihr Verdienst.

2021: HUPEN FÜR DEN SIEG

Wegen der Corona-Pandemie fehlt dem MSV in der Drittliga-Saison 2020/21 die Unterstützung des „zwölften Mannes“. Es droht der Abstieg in die Regionalliga. Wieder bangen die Fans um ihren Verein – und erneut beweisen sie Kreativität: Immer wieder samstags stellen sie sich – coronakonform – in ihren Autos auf dem Stadionvorplatz auf, um den Mannschaftsbus zu begrüßen. Sie hupen, wedeln mit Schals, und irgendwer spielt immer den Zebratwist. Während der letzten Heimspiele der Saison hören die Kicker in der Arena stets das Hupen von draußen. Das motiviert nicht nur die Mannschaft, sondern gibt den Fans das Gefühl, etwas tun zu können. Der MSV gewinnt tatsächlich mehrere Heimspiele hintereinander und hält die Klasse. Mit Glück. Aber auch wegen seiner Fans.

Deutscher Meister spielt in Liga 3

Etwa 18.000 Anhänger des Vereins wussten am allerersten Spieltag des MSV in der 3. Liga im Juli 2013, alleine werden die elf Zebras gegen den 1. FC Heidenheim nicht bestehen. Die Zuschauer wollten Torschüsse hinter die Linie schreien. Defensivaktionen wurden frenetisch gefeiert. Dennoch verlor der MSV in dem wilden und heftig umkämpften Spiel durch ein Tor in der 75. Minute 0:1. Heidenheims Trainer Frank Schmidt erlebte die Stimmung so, als sei der MSV Deutscher Meister geworden.

Nur ein Teil der Mannschaft von Karsten Baumann war elf Tage zuvor beim Trainingsauftakt zusammengekommen, unter ihnen noch sechs Spieler aus dem Zweitliga-Kader. Gegen Heidenheim fehlte verletzungsbedingt Branimir Bajic, der Ruhepol aller Mannschaften der nächsten Jahre. Tanju Öztürk musste nach neun Minuten ausgewechselt werden. Kevin Wolze sah in der Schlussminute die Rote Karte.

Die Saisonvorbereitung fehlte, weil der MSV spät erst die Lizenz erhalten hatte. Sämtliche Verträge aus der Zweitligazeit waren nichtig. In etwas mehr als 14 Tagen waren die nötigen Unterlagen völlig neu erarbeitet worden. Die wirtschaftlichen Voraussetzungen erwiesen sich weiter als große Hürde. Fürs Erste halfen neben dem Duisburger Unternehmen Schauinsland Reisen viele andere meist lokale Sponsoren und das Verhandlungsgeschick bei den Gläubigern.

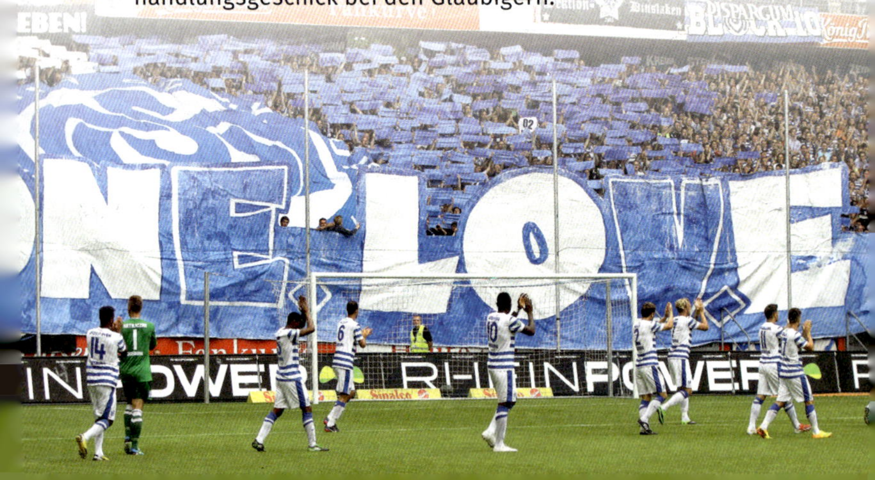

Zwangsabstieg vergessen machen

Am 16. Mai 2015, einem Samstag, hatten einige Geschäfte in Duisburg geschlossen. MSV-Fahnen flatterten, und von überall her reisten die Fans an. Das vorletzte Spiel der Saison gegen Holstein Kiel vor 31.000 Zuschauern im ausverkauften Stadion war zum Endspiel um den direkten Aufstiegsplatz zur 2. Liga geworden. Schon eine Stunde vor Anpfiff rauschte ein Kurvengesang immer wieder über den Rasen: „Werdet zur Legende, kämpfen ohne Ende für die Zweite Liga M – S – V."

Die Saison war holprig verlaufen. Nach aussichtsreichem Start schwächelte die Mannschaft im Herbst. In der Winterpause wurde Martin Dausch von Union Berlin verpflichtet. Durch seine Mentalität, sein Auge für die Mitspieler, seinen Zug zum Tor und seine Zweikampfstärke ein Glücksgriff für den MSV. Der MSV blieb oben dran. Ab dem 31. Spieltag dann setzte sich die Mannschaft nach einem weiteren Zwischentief im März mindestens auf Platz 3 fest.

Selbst der Rückstand gegen Kiel nach zehn Minuten warf den MSV nicht mehr aus der Bahn. Mit dem 3:1 zur Halbzeitpause stand schon das Endergebnis fest. Dem Schlusspfiff folgte der Platztausch von Spielern und Zuschauern. Auf dem Rasen gaben nun Fans mit Blick auf die Tribüne beim Feiern alles, wo die Spieler mit- und vorsangen. Als ob die 3. Liga nur ein vorübergehendes Unheil gewesen war.

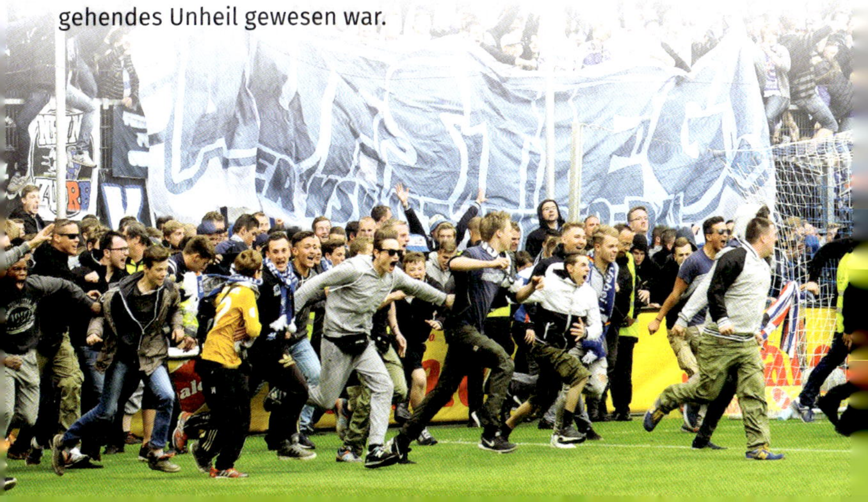

Das verblüffendste Tor 2015

Während des zweifachen Anlaufs zwischen 2014 und 2019, die 3. Liga dauerhaft wieder zu verlassen, gibt es in Enis Hajri einen Spieler, der für Möglichkeiten und Grenzen dieser Zeit steht. Man tut Enis Hajri sicher kein Unrecht mit der Feststellung, Passgenauigkeit und Ballsicherheit unterlagen in seiner Karriere Schwankungen. Als er sich im Spiel gegen Holstein Kiel halbrechts frei lief und den weiten Pass von Martin Dausch aufnahm, war es nicht ausgemacht, wie er den freien Raum nützen konnte. Die selbstverständliche Ballkontrolle und der präzise Schuss zum Zwischenstand von 1:1 verblüffen im Rückblick immer noch viele Fans.

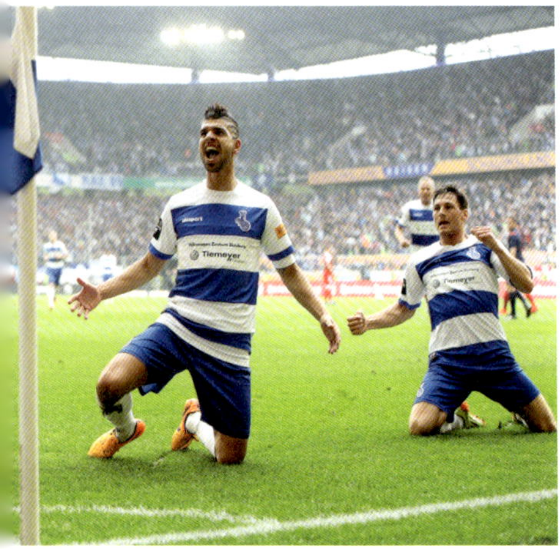

Enis Hajri (l.) gab mit seinem Tor die schnelle Antwort auf die Kieler Führung. Michael Gardawski, kurz darauf zweifacher Torschütze zum 3:1-Endstand, feierte mit.

Das schwankende Vertrauen in seine technischen Fähigkeiten wurde immer vom Beifall für seine Präsenz auf dem Platz und die kämpferischen Leistungen begleitet. Seine Variabilität auf den Positionen ist weniger Qualitätsnachweis für ihn als Wettbewerbsnachteil des MSV. Zwischen 2014 und 2019 waren die Kader meist nicht tief genug besetzt. Die drei Trainer Gino Lettieri, Ilia Gruev und Torsten Lieberknecht zählten auf ihn. Seine Stärken kamen zur Geltung, weil seine eigenen Grenzen zugleich die der jeweiligen Mannschaften waren. Galt er in der 2. Liga zunächst für den Zusammenhalt abseits des Platzes als wichtiger Spieler, wurde er bis zu seinem Karriereende 2019 immer wieder auch über volle 90 Minuten eingesetzt.

Geister-Tickets

Ein Virus sorgte dafür, dass die Spielzeiten 2019/20 und 20/21 für den MSV ganz anders liefen als geplant. Das vorerst letzte Spiel mit Zuschauern war die Partie gegen den FC Magdeburg am 6. März 2020. Knapp 13.000 kamen. Keiner wusste, dass danach die Fans für viele, viele Monate nicht mehr ins Stadion gehen konnten. Alle Partien der darauffolgenden Wochen wurden zunächst sogar abgesagt.

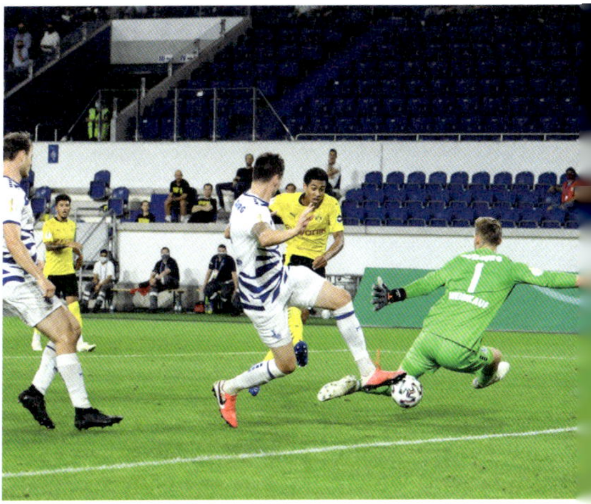

Vor 100 Fans schied der MSV im DFB-Pokal gegen den BVB aus.

Im restlichen Jahr 2020 fanden in Duisburg dann noch zwei Spiele mit Publikum statt. Einmal das Ligaspiel Ende September gegen Zwickau vor 3.462 Zuschauern, Endstand 1:1. Und natürlich das Pokalspiel gegen den BVB wenige Tage zuvor. Der MSV wollte 8.000 Zuschauer ins Stadion lassen. Doch das vorgelegte Hygienekonzept wurde abgelehnt. Am Ende bot der Verein Geister-Tickets an, und verkaufte insgesamt 3.000 der 19,02 Euro teuren Tickets. 100 Fans wurden ausgelost und durften ins Stadion. Ein berauschendes Gefühl, endlich wieder Fußball live. Die Atmosphäre dann aber gespenstisch: Das leere Stadion, die Maskenpflicht, die Zuschauer einzeln auf der Haupttribüne verteilt. Das Spiel selbst trug nicht zur Erheiterung bei: Mit 0:5 schied der MSV aus dem Pokal aus.

Zebratwist litt unter Abstiegssorgen

Vielleicht war es im Pandemie-Sommer 2020 die Sehnsucht nach der Stadionatmosphäre, die die Macher vom St.-Pauli-Podcast „Millernton.de“ auf die Idee zum „Grand Prix de la Vereinslieder Song Contest“ brachte. Beim Regionalentscheid im „Zebrastreifenblog“ wurden achtzehn MSV-Songs vorgestellt. Per Online-Voting schickten die Fans den Zebratwist ins Halbfinale der Dritt- und Amateurligisten. Das Ergebnis war ein zweiter Platz für den ältesten Stadionsong Deutschlands. Im Finale mit den Bundesligisten reichte es dann nur zu Platz neun, obwohl der Zebratwist für Fans aus ganz Deutschland ein Favorit des Wettbewerbs war.

Maßgeblicher Grund dafür war die sportliche Krise des MSV, die die Aufmerksamkeit von Fans auf sich zog. Der Fastaufsteiger in der Vorsaison war Anfang November ein Abstiegskandidat, der den Trainer Torsten Lieberknecht entließ. Als das Final-Voting begann, war gerade Gino Lettieri als Nachfolger verpflichtet worden. Die meisten MSV-Fans verstanden das nicht. Ihr unverändertes Urteil nach seiner Zeit beim MSV von 2014 bis 2015: kein zukunftsfähiger Fußball, eindimensionale Taktik und Schwächen bei der Menschenführung. Die Empörung über die sportliche Leitung war ebenso groß wie die Sorgen um den MSV. Für einen unterhaltsamen Song Contest die völlig falsche Stimmung.

Der Zebratwist – Die Fakten
Text und Melodie stammen von den MSV-Fans Heinz-Georg Bangert und Walter Bovelet. Produziert wurde das Lied von Hans Blum, der bekannter ist als Henry Valentino durch „Im Wagen vor mir“. Am 11. Januar 1964 wurde der Twist vor dem Spiel gegen den Karlsruher SC durch den Duisburger Schlagersänger Peter Steffen uraufgeführt. Rudi Gutendorf erzählte später, er habe die Idee dazu gehabt. Eine Rockversion des Stücks nahm der 2020 zu früh verstorbene Duisburger Musiker Ülo mit Band 1991 auf.

Duisburger Jungs, Duisburger Jungs …

Während Spieler früher oft jahrelang bei einem Verein blieben, sind die Profis heute oft nur auf der Durchreise. Umso größer ist die Sehnsucht von Fans nach Spielern mit Wurzeln in Duisburg oder der nahen Umgebung. In den vergangenen Jahren gab es sie wieder. Schon als Achtjähriger schnürte der in Oberhausen geborene **Vincent Gembalies** die Fußballschuhe für den MSV. Konsequent ging er den Weg aus dem Meidericher Nachwuchsleistungszentrum (NLZ) bis zu den Großen. Am 9. März 2019 feierte der Duisburger sein Profidebüt in der zweiten Liga. In Duisburg wurde **Moritz Stoppelkamp** geboren. Über Viktoria Buchholz fand er zum MSV. Von 1997 bis 2002 spielte er für die Junioren, dann war er 15 Jahre lang in der weiten Fußballwelt unterwegs. Doch 2017 kehrte „Stoppel" zu seinem Jugendverein zurück.

Nach dem verpassten Zweitligaaufstieg 2020 verließ **Lukas Daschner** nach sieben „prägenden" Jahren den MSV. In Duisburg geboren, kam Daschner über Beeckerwerth, Hamborn 07 und Schalke als 15-Jähriger nach Meiderich. „Was ich bei diesem Verein erlebt habe, ist für mich unbezahlbar", schrieb Daschner zum Abschied auf Instagram. Auch **Ahmet Engin** fiel es bei seinem Abschied im Frühsommer 2021 schwer, die „außergewöhnlichen zehn Jahre" beim MSV in Worte zu fassen. Der gebürtige Moerser Engin kickte für die U16, U17, U19 und die U23. Zum ersten Mal als MSV-Profi stand Engin 2015 auf dem Platz.

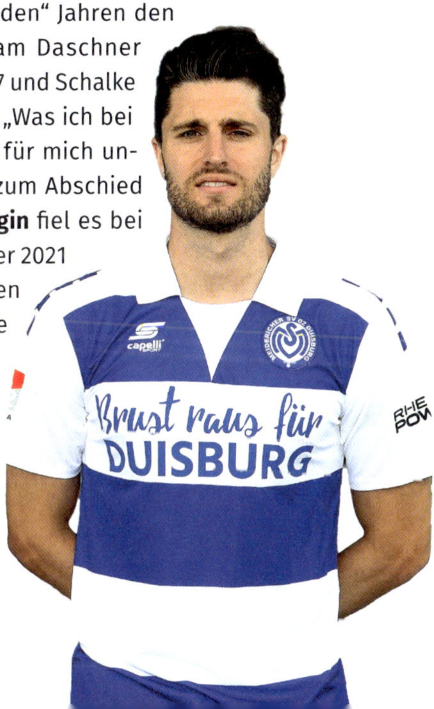

Moritz Stoppelkamp kam über Viktoria Buchholz zum MSV

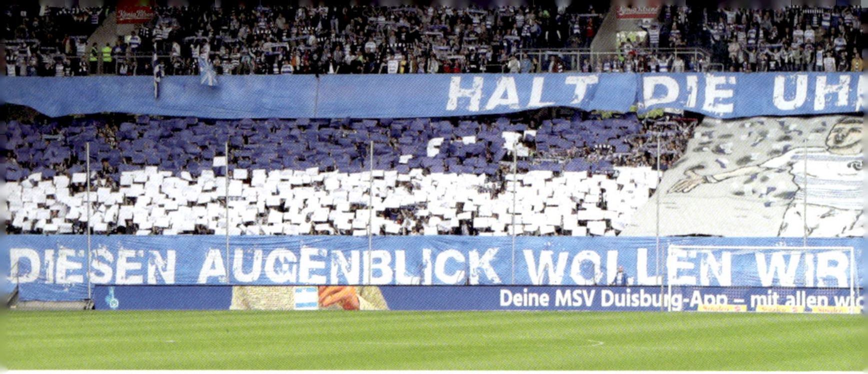

Für die Stimmung und fürs Auge

Wie sehr die Fans den Fußball an der Wedau zelebrieren, zeigen nicht zuletzt die außergewöhnliche Choreografien, die in den vergangenen Jahren im Stadion zu sehen waren. Eine Auswahl.

DIE KRITISCH-WITZIGE

Im Frühjahr 2010 sorgten die finanziellen Verstrickungen von Walter Hellmich für Unruhe beim MSV. In einem Interview düpierte der MSV-Boss seine Kritiker. Er habe sich einfach 500.000 Euro zurückgeholt, sagte Hellmich gegenüber „RevierSport". „Die Leute, die mich nun dafür angreifen wollen, sind einfach doof." Schließlich habe er seit acht Jahren Millionen in den Verein gepumpt. Die Fans griffen Hellmichs flapsige Erwähnung im Zweitliga-Derby gegen Rot-Weiß Oberhausen am 26. Februar (2:2) auf – und das nicht plump, sondern witzig und mit Niveau: Sie dichteten das bekannte Postkarten-Motiv „Ohne Dich ist alles doof" auf Hellmich um. Die Kritik der Fans am MSV-Boss war deutlich zu erkennen, doch sie ging nicht unter die Gürtellinie, sondern regte zum Nachdenken an. Einfach wunderbar.

DIE HERZLICHE

„Meidericher Spielverein – dort, wo dein Herz hinfällt, da wächst es fest!" lautet das Motto der Choreo, mit der die Fans vor dem Drittliga-Heimspiel gegen Uerdingen (2:0) im November 2019 die

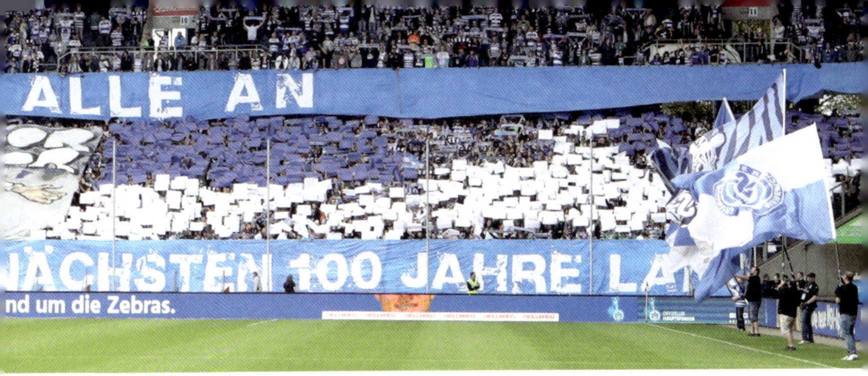

gesamte Kurve überzogen. Auf einer riesigen Blockfahne, die Unter- und Oberrang bedeckte, war die Skyline von Duisburg zu sehen, inklusive der Liebesbekundung „I love MSV" in Form eines Graffitis. Was fürs Herz!

DIE GENIESSERISCHE

Diesen besonderen Moment wollten die MSV-Fans am liebsten für immer festhalten: Beim letzten Heimspiel der Drittligasaison 2016/2017 war der MSV bereits aufgestiegen. Gegen Zwickau (5:1) ging es um die Meisterschaft. Zudem stand der MSV im Finale des Niederrheinpokals. Die Zebra-Fans waren also schon vor dem Spiel im kollektiven Glücksrausch. „Halt die Uhren alle an. Diesen Augenblick wollen wir die nächsten 100 Jahre lang", stand folgerichtig auf dem Spruchband, das in der Kurve zu sehen war. Oh, wie war das schön!

DIE GIGANTISCHE

März 2011, DFB-Pokalhalbfinale gegen Cottbus, die Hütte ist voll und bebt. Dazu passt die bombastische Choreo, die das gesamte Stadion über alle Kurven hinweg in Zebrastreifen hüllt. Überall schwingen die Fans selbst gebastelte weiße oder blaue Fahnen oder halten Pappen in denselben Farben in die Höhe. Dazu werden in der Nordkurve riesige Bilder von den Final-Trikots von 1966 (blanke Brust), 1975 (mit Trikotsponsor „Brian Scott") und 1998 (mit „Thyssengas") gezeigt. Schon vor dem Match ein unglaubliches Szenario. Absolute Gänsehaut.

Das Quiz für echte MSV-Experten

1. Wie viele Zuschauer zählte der MSV beim einzigen Drittliga-Heimspiel der gesamten Corona-Saison 2020/21?

a) 13.551
b) 18.000
c) 3.462

2. Welcher ehemalige MSV-Trainer starb im Jahre 2000 beim Absturz der Concorde?

a) Rudi Faßnacht
b) Willibert Kremer
c) Volker Danne

3. Welches Maskottchen begleitete die Mannschaft jahrelang, bis es dem MSV-Museum übergeben wurde?

a) Plüschzebra
b) MSV-Wimpel aus den 1960ern
c) Pfeffermühle

4. Wieso haben 25 Sitze auf der Südtribüne in der MSV-Arena einen anderen Blauton als die übrigen?

a) An der Stelle war zuvor die Schweizer Flagge zu sehen.
b) Die Original-Sitze wurden von Hooligans anderer Vereine zerstört.
c) An der Stelle tropft es bei Regen so unaufhörlich durchs Stadiondach, dass die Farbe der Sitze Schaden nahm.

5. Mit wie vielen Toren wurde Michael Tönnies 1991 Torschützenkönig der Zweiten Liga?

a) 29
b) 30
c) 31

6. Welcher Spieler wurde als einziger zweimal hintereinander von den Fans zum „Spieler des Jahres“ gewählt?

a) Georg Koch
b) Alfred Nijhuis
c) Peter Közle

7. Welche Fußball-Legende bot sich dem MSV noch im hohen Alter von 85 Jahren als Trainer an?

a) Rudi Gutendorf

b) Rudolf Schafstall
c) Hermann Eppendorf

8. In welchem Stadtteil stand das alte Wedaustadion?

a) Neudorf
b) Wedau
c) Wanheimerort

9. Was war das „Bischofszimmer“ im früheren Wedaustadion?

a) Raum, in dem die Spieler vor jedem Match beten konnten
b) Zimmer, in dem sich MSV-Fans taufen lassen konnten
c) Raum, in dem MSV-Fan und Ruhrbischof Franz Hengsbach während der Halbzeit gern einen Kaffee trank

10. Wer coachte die Schauspieler, die in Sönke Wortmanns „Wunder von Bern“ die deutsche Nationalmannschaft mimten?

a) Dieter Danzberg
b) Bernard Dietz
c) Detlef Pirsig

11. Unter welchem Coach blieben die Zebras in der gesamten Bundesliga-Saison 1970/71 zu Hause ungeschlagen?

a) Rudolf Schafstall
b) Rudi Faßnacht
c) Willibert Kremer

12. Was war der „Fußball-Hit 85“?

a) Eine Single mit Fußballliedern, die 1985 die Charts stürmte
b) Ein Fußball-Volksfest, das Geld in die klammen MSV-Kassen spülen sollte
c) Der Pokalknaller MSV Duisburg gegen Rot-Weiss Essen

13. Was wurde beim Traditionsmarkt am 1. Mai 2017 in der Arena angeboten?

a) Kondome der italienischen Nationalmannschaft
b) Die berühmt gewordene Trinkflasche von Mark Flekken
c) Ein Schuh von „Ennatz“, mit dem das Maskottchen beim Traditionscup sein erstes Tor in einem Pflichtspiel geschossen hatte

14. Wann bestritt die 2. Mannschaft ihr endgültig letztes Spiel?

a) Im Mai 2016
b) Im August 2018
c) Im März 2013

15. Von welcher Kölner Karnevalsband stammt die MSV-Hymne, die 2004 das erste Mal gespielt wurde?

a) Von den Höhnern
b) Von den Bläck Föss
c) Von Brings

16. Wie oft gelang Spielern des MSV das „Tor des Monats"?

a) Einmal
b) Zweimal
c) Dreimal

17. Wann wurde das Wedaustadion eröffnet?

a) 1922
b) 1926
c) 1932

18. Mit welchem Verein verwechselte das ZDF den MSV, als im November 2008 Peter Neururer als neuer Trainer vorgestellt wurde?

a) SV Meppen
b) FC Schalke 04
c) FC Magdeburg

19. Wo fand das DFB-Pokalfinale 1975 gegen Eintracht Frankfurt statt?

a) Niedersachsenstadion (Hannover)
b) Olympiastadion (München)
c) Olympiastadion (Berlin)

20. Wie stand es nach 120 Minuten beim DFB-Pokalhalbfinale bei Eintracht Trier?

a) 1:1
b) 2:2
c) 0:0

21. Der erste Torhüter, der in der Bundesliga ein Tor erzielte, spielte beim MSV. Wer war es?

a) Manfred „Cassius" Manglitz
b) Gerhard Heinze
c) Erich Staude

22. Wie lange war Dieter Fischdick MSV-Präsident?

a) Drei Jahre (1986 bis 1989)
b) Fünf Jahre (1987 bis 1992)
c) Neun Jahre (1987 bis 1996)

23. Warum führte der MSV die „Jara-Mark" ein?

a) Um den österreichischen Nationalspieler Kurt Jara weiterverpflichten zu können
b) Um Kurt Jara zu unterstützen, weil dieser eine Strafe an den DFB zahlen musste